基于 MATLAB 的新能源汽车仿真实例

JIYU
MATLAB
DE
XINNENGYUAN QICHE
FANGZHEN SHILI

崔胜民 著

·北京·

本书以实例形式介绍了MATLAB在新能源汽车领域仿真中的应用。这些实例涉及新能源汽车领域中的电机、电池、整车动力性、续驶里程以及纯电动汽车、增程式电动汽车、混合动力电动汽车、燃料电池电动汽车的传动系统匹配等，都是新能源汽车领域的重要研究内容，而且每个实例都有任务描述和完成任务所实施的过程。所有实例都有数学模型的建立和仿真程序的编写，而且仿真程序都经过调试，可在MATLAB软件中直接运行并获得仿真结果。对每一条程序都有注释，方便没有MATLAB基础的读者快速学习MATLAB及其在新能源汽车领域仿真中的应用。

本书可作为新能源汽车专业、车辆工程专业本科生和研究生的教学参考用书，也可供新能源汽车领域的工程技术和研究人员参考。

图书在版编目（CIP）数据

基于MATLAB的新能源汽车仿真实例/崔胜民著．—北京：化学工业出版社，2020.4（2024.1重印）

ISBN 978-7-122-36216-2

Ⅰ.①基⋯ Ⅱ.①崔⋯ Ⅲ.①Matlab软件-应用-新能源-汽车-计算机仿真 Ⅳ.①U469.7-39

中国版本图书馆CIP数据核字（2020）第032327号

责任编辑：陈景薇　　　　　　　　　　文字编辑：张燕文
责任校对：赵懿桐　　　　　　　　　　装帧设计：王晓宇

出版发行：化学工业出版社（北京市东城区青年湖南街13号　邮政编码100011）
印　　装：北京建宏印刷有限公司
787mm×1092mm　1/16　印张12¼　彩插2页　字数312千字　2024年1月北京第1版第5次印刷

购书咨询：010-64518888　　　　　　　售后服务：010-64518899
网　　址：http://www.cip.com.cn
凡购买本书，如有缺损质量问题，本社销售中心负责调换。

定　　价：68.00元　　　　　　　　　　　　　　　　　　　版权所有　违者必究

前言

为了提高新能源汽车设计水平，新能源汽车仿真在产品开发过程中越来越重要，MATLAB 作为世界上最流行的仿真计算软件之一，在新能源汽车领域的应用越来越广泛。为了提高学生的实践能力，把理论应用于实践，新能源汽车仿真也已经成为新能源汽车专业和车辆工程专业学生必备的技能，在课程设计和毕业设计中经常要使用 MATLAB 软件进行各种仿真。

全书共分 16 个仿真实例，分别是电机输出特性和效率 MAP 图拟合仿真、直流电机运行特性仿真、交流感应电机输出特性仿真、永磁同步电机矢量控制仿真、基于实验的电动汽车动力电池 SOC 仿真、基于理论的电动汽车动力电池 SOC 仿真、电动汽车动力性仿真、电动汽车等速工况续驶里程仿真、电动汽车循环工况续驶里程仿真、基于动力性的纯电动汽车传动系统匹配仿真、基于工况法的纯电动汽车传动系统匹配仿真、增程式电动汽车传动系统匹配仿真、混合动力电动汽车传动系统匹配仿真、燃料电池电动汽车传动系统匹配仿真、电动汽车高速公路换道过程路径规划仿真、电动汽车交叉口通行过程仿真。每个仿真实例都有任务描述和任务实施过程，所有数学模型都经过笔者推导，所有程序都经过笔者调试并运行，每条程序都有注释，方便无 MATLAB 基础者阅读和使用。MATLAB 程序对符号书写和格式有严格要求，为了方便读者阅读，书中一些量采用了与程序一致的书写方式。

在本书编写过程中，常广亮、俞天一、王赵辉、李伟阳等给予了支持，在此一并表示深切的谢意。

由于笔者水平和经验所限，书中不当之处在所难免，敬请读者指正。

编著者

目 录

实例一　电机输出特性和效率 MAP 图拟合仿真 ………………………………… 1

实例二　直流电机运行特性仿真 ………………………………………………… 8

实例三　交流感应电机输出特性仿真 …………………………………………… 23

实例四　永磁同步电机矢量控制仿真 …………………………………………… 32

实例五　基于实验的电动汽车动力电池 SOC 仿真 ……………………………… 45

实例六　基于理论的电动汽车动力电池 SOC 仿真 ……………………………… 56

实例七　电动汽车动力性仿真 …………………………………………………… 75

实例八　电动汽车等速工况续驶里程仿真 ……………………………………… 90

实例九　电动汽车循环工况续驶里程仿真 ……………………………………… 98

实例十　基于动力性的纯电动汽车传动系统匹配仿真 ………………………… 110

实例十一　基于工况法的纯电动汽车传动系统匹配仿真 ……………………… 123

实例十二　增程式电动汽车传动系统匹配仿真 ………………………………… 143

实例十三　混合动力电动汽车传动系统匹配仿真 ……………………………… 153

实例十四　燃料电池电动汽车传动系统匹配仿真 ……………………………… 168

实例十五　电动汽车高速公路换道过程路径规划仿真 ………………………… 178

实例十六　电动汽车交叉口通行过程仿真 ……………………………………… 187

参考文献 …………………………………………………………………………… 195

实例一

电机输出特性和效率 MAP 图拟合仿真

电机是将电能转换成机械能或将机械能转换成电能的装置，它具有能作相对运动的部件，是一种依靠电磁感应而运行的电气装置，是电动汽车驱动系统的核心部件，其性能的好坏直接影响驱动系统的性能，特别是影响电动汽车的动力性。电机输出特性是指电机的转矩、功率与转速之间的关系；电机效率 MAP 图主要是反映在不同转速、转矩下的电机效率分布情况，它们直接影响电动汽车的动力性和经济性。

任务描述

主要任务:
1. 绘制电机输出特性拟合曲线
2. 绘制电机效率 MAP 图

绘制电机输出特性拟合曲线所需参数见表 1-1。

表 1-1　绘制电机输出特性拟合曲线所需参数

转速/(r/min)	500	1000	1500	2000	2500	3000	3500	4000
转矩/N·m	160	160	160	160	160	160	160	155.18
转速/(r/min)	4500	5000	5500	6000	6500	7000	8000	9000
转矩/N·m	137.94	124.15	112.86	103.45	95.5	88.67	77.59	68.97

绘制电机效率 MAP 图所需参数见表 1-2。

表 1-2　绘制电机效率 MAP 图所需参数

转速/(r/min)	300	300	700	700	700	900	900	900	1500	1500
转矩/N·m	138	50	328	138	50	328	138	50	138	50
效率/%	74.8	84.4	74.9	92.2	92.5	79.4	92.7	92.6	92.2	92.1
转速/(r/min)	3000	3000	4000	4000	5000	5000	6000	6000	7000	7000
转矩/N·m	138	50	50	30	50	30	50	30	40	30
效率/%	95.2	94.1	93.9	91.5	89.8	88.6	88.2	87.9	84.6	84.1

任务实施过程

1. 绘制电机输出特性拟合曲线

电机输出转矩为

$$T_e = \begin{cases} T_c & n \leqslant n_b \\ \sum_{i=0}^{k} a_i n^i & n > n_b \end{cases} \tag{1-1}$$

式中，T_e 为电机输出转矩；T_c 为电机恒转矩；n 为电机转速；n_b 为电机基速；k 为多项式的阶次；a_i 为多项式拟合系数。

电机输出功率为

$$P_e = \frac{T_e n}{9550} \tag{1-2}$$

式中，P_e 为电机输出功率。

（1）电机输出转矩与转速关系曲线拟合。利用表 1-1 中的转矩与转速数据，根据电机的恒转矩特性，编写电机转矩与转速关系曲线拟合的 MATLAB 程序如下。

程序	注释
n=[4000,4500,5000,5500,6000,6500,7000,8000,9000];	转速赋值
T=[155.18,137.94,124.15,112.86,103.45,95.5,88.67,77.59,68.97];	转矩赋值
cftool	调用曲线拟合工具箱

在 MATLAB 命令行窗口输入这些程序，进入曲线拟合工具箱界面 "Curve Fitting Tool"；利用 "X data" 和 "Y data" 下拉菜单读入转速数据 n 和转矩数据 T；选择多项式函数 "Polynomial"，再选择拟合阶数 "3"；自动拟合，就会在结果窗口和曲线窗口显示出拟合结果，如图 1-1 所示。

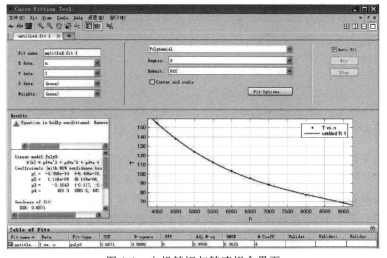

图 1-1 电机转矩与转速拟合界面

根据图 1-1 中的结果窗口，可以得到电机输出转矩与转速的关系为

$$T_e = -4.359 \times 10^{-10} n^3 + 1.116 \times 10^{-5} n^2 - 0.1043n + 421.3 \qquad (1-3)$$

其中误差平方和（SSE）为 0.6571；复相关系数（R-square）为 0.9999；均方根误差（RMSE）为 0.3265。

（2）计算电机基速。根据电机输出转矩与转速的拟合关系式（1-3），编写计算电机基速的 MATLAB 程序如下。

程序	注释
n=3500:1:9000;	定义转速范围
T=[-4.359e-10 1.116e-5 -0.1043 421.3];	拟合关系式
format short	控制输出形式
T0=160;	输入恒转矩
T(end)=T(end)-T0;	修正关系式
r=roots(T);	求根
r=r(r>=min(n)&r<max(n))	限制根范围

在 MATLAB 命令行窗口输入这些程序，即可求得拟合阶数为 3 时的电机基速 $n = 3858 \text{r/min}$。

（3）绘制电机输出特性曲线。根据式（1-1）～式（1-3），编写绘制电机输出特性拟合曲线的 MATLAB 程序如下。

程序	注释
n=0:1:9000;	定义转速范围
T=160.*(n<=3858)+(421.3-0.1043*n+(1.116e-5)*n.^2-(4.359e-10)*n.^3).*(n>3858);	计算电机转矩
P=T.*n/9550;	计算电机功率
[AX,H1,H2]=plotyy(n,P,n,T,'plot');	获取坐标轴、图像句柄
set(AX(1),'Ylim',[0,100])	设置左侧坐标轴范围
set(AX(2),'Ylim',[0,200])	设置右侧坐标轴范围
set(AX(1),'yTick',[0:50:100])	设置左侧坐标轴刻度
set(AX(2),'yTick',[0:100:200])	设置右侧坐标轴刻度
hold on	保存图形
set(get(AX(1),'ylabel'),'string','功率/kW')	左侧坐标轴标注
set(get(AX(2),'ylabel'),'string','转矩/N.m')	右侧坐标轴标注
xlabel('转速/(r/min)')	x 轴标注
text(2300,50,'功率')	对功率曲线进行标注
text(2000,82,'转矩')	对转矩曲线进行标注

在 MATLAB 编辑器中输入这些程序，点击运行按钮，就会得到电机输出特性曲线，如图 1-2 所示。可以看出，随着转速的增加，电机在开始发出最大转矩且前一段先恒定不变，超过某一转速，转速再增加，转矩逐渐下降；功率随着转速增加逐渐增大，超过某一转速后，功率达到最大值，且随着转速的继续增加功率恒定不变。

2. 绘制电机效率 MAP 图

（1）电机效率 MAP 图拟合。利用表 1-2 中的电机转速与转矩、效率数据，编写电机效

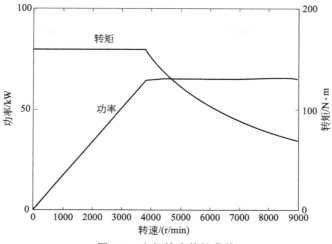

图 1-2 电机输出特性曲线

率 MAP 图拟合的 MATLAB 程序如下。

程序	注释
n=[300 300 700 700 700 900 900 900 1500 1500 3000 3000 4000 4000 5000 5000 6000 6000 7000 7000];	转速赋值
T=[138 50 328 138 50 328 138 50 138 50 138 50 50 30 50 30 50 30 40 30];	转矩赋值
nt=[0.748 0.844 0.749 0.922 0.925 0.794 0.927 0.926 0.922 0.921 0.952 0.941 0.939 0.915 0.898 0.886 0.882 0.879 0.846 0.841];	效率赋值
cftool	调用曲线拟合工具箱

在 MATLAB 命令行窗口输入这些程序，进入曲线拟合工具箱界面"Curve Fitting Tool"；利用"X data""Y data""Z data"下拉菜单读入转速数据 n、转矩数据 T 和电机效率数据 nt；选择多项式函数"Polynomial"，再选择拟合阶数"3"；自动拟合，就会在结果窗口和曲线窗口显示出拟合结果，如图 1-3 所示。

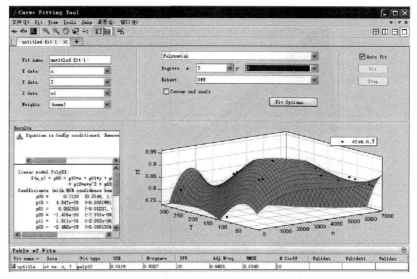

图 1-3 电机效率 MAP 图拟合界面

根据图 1-3 中的结果窗口，可以得到电机效率与转速、转矩的关系为

$$\eta_e = 0.7739 + 4.347 \times 10^{-5} n + 2.355 \times 10^{-3} T_e - 1.416 \times 10^{-8} n^2 +$$
$$1.311 \times 10^{-6} n T_e - 2.429 \times 10^{-5} T_e^2 + 1.433 \times 10^{-12} n^3 - 2.242 \times 10^{-10} n^2 T_e$$
$$- 1.686 \times 10^{-9} n T_e^2 + 4.899 \times 10^{-8} T_e^3 \tag{1-4}$$

其中误差平方和为 0.0119；复相关系数为 0.8327；均方根误差为 0.0345。

（2）绘制电机效率 MAP 二维图。编写绘制电机效率 MAP 二维图的 MABLAB 程序如下。

程序	注释
n=[300 300 700 700 700 900 900 900 1500 1500 3000 30004000 4000 5000 5000 6000 6000 7000 7000];	转速赋值
T=[138 50 328 138 50 328 138 50 138 50 138 50 50 30 50 30 50 30 40 30];	转矩赋值
nt=[0.748 0.844 0.749 0.922 0.925 0.794 0.927 0.926 0.922 0.921 0.952 0.941 0.939 0.915 0.898 0.886 0.882 0.879 0.846 0.841];	效率赋值
n1=linspace(300,7000,1000);	生成等间隔的横坐标
T1=linspace(30,350,1000);	生成等间隔的纵坐标
[n1,T1]=meshgrid(n1,T1);	生成二维网格矩阵
nt1=griddata(n,T,nt,n1,T1);	插入分散的数据拟合
pcolor(n1,T1,nt1)	绘制伪彩色图
shading interp	设置颜色着色属性
hold on	保存图形
colorbar	生成颜色栏
[C,h]=contourf(n1,T1,nt1,7);	绘制等高线
xlabel('转速/(r/min)')	x 轴标注
ylabel('转矩/N.m')	y 轴标注
clabel(C,h,'manual')	等高线标注

在 MATLAB 编辑器中输入这些程序，点击运行按钮，就会得到电机效率 MAP 二维图，如图 1-4 所示。

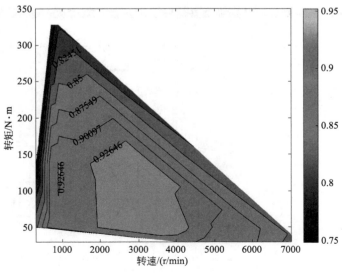

图 1-4　电机效率 MAP 二维图（彩图）

（3）绘制电机效率 MAP 三维图。编写绘制电机效率 MAP 三维图的 MABLAB 程序如下。

程序	注释
n＝[300 300 700 700 700 900 900 900 1500 1500 3000 3000 4000 4000 5000 5000 6000 6000 7000 7000];	转速赋值
T＝[138 50 328 138 50 328 138 50 138 50 138 50 50 30 50 30 50 30 40 30];	转矩赋值
nt＝[0.748 0.844 0.749 0.922 0.925 0.794 0.927 0.926 0.922 0.921 0.952 0.941 0.939 0.915 0.898 0.886 0.882 0.879 0.846 0.841];	效率赋值
n1＝linspace(300,7000,50);	生成等间隔的横坐标
T1＝linspace(30,350,50);	生成等间隔的纵坐标
[n1,T1]＝meshgrid(n1,T1);	生成二维网格矩阵
nt1＝griddata(n,T,nt,n1,T1);	插入分散的数据拟合
mesh(n1,T1,nt1)	绘制三维图
xlabel('转速/(r/min)')	x 轴标注
ylabel('转矩/N.m')	y 轴标注
zlabel('效率')	z 轴标注

在 MATLAB 编辑器中输入这些程序，点击运行按钮，就会得到电机效率 MAP 三维图，如图 1-5 所示。

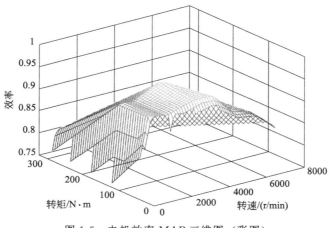

图 1-5　电机效率 MAP 三维图（彩图）

实例 二
直流电机运行特性仿真

　　直流电机就是将直流电能转换成机械能的电机,是电机的主要类型之一,具有结构简单、技术成熟、控制容易等特点,在低速电动汽车、场地用电动车辆和专用电动车辆上应用广泛。

任务描述

主要任务:
1. 并励直流电机的运行特性仿真
2. 串励直流电机的运行特性仿真

并励直流电机的运行特性仿真所需参数见表 2-1。

表 2-1 并励直流电机的运行特性仿真所需参数

电机电源电压/V	电枢电阻/Ω	每极磁通量/Wb
220	0.17	0.0103
极对数	电枢导体总数	串联电阻/Ω
2	398	0

串励直流电机的运行特性仿真所需参数见表 2-2。

表 2-2 串励直流电机的运行特性仿真所需参数

电机电源电压/V	电枢电阻/Ω	比例系数
220	0.2	0.002
极对数	电枢导体总数	励磁电阻/Ω
2	120	0.12

任务实施过程

直流电机由定子与转子两大部分构成,其中定子部分主要由励磁绕组、磁极、机座、电刷等组成;转子部分由电枢铁芯、电枢绕组、换向器等组成,如图2-1所示。

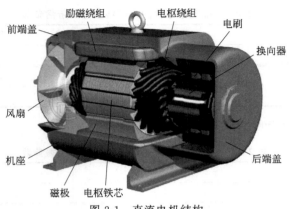

图2-1 直流电机结构

直流电机根据励磁方式的不同,可分为他励式、并励式、串励式和复励式4种类型,它们的电路如图2-2所示。图2-2中,U为电源电压;U_f为励磁电压;I为负载电流;I_a为电枢电流;I_f为励磁电流。

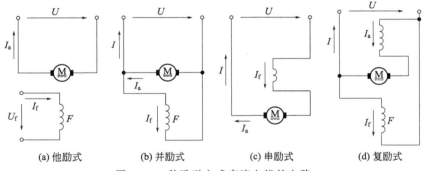

(a) 他励式　　(b) 并励式　　(c) 串励式　　(d) 复励式

图2-2 4种励磁方式直流电机的电路

他励式直流电机的励磁绕组由独立的励磁电源供电,励磁绕组与电枢绕组没有连接关系,因此励磁电流不受电枢端电压或电枢电流的影响。

并励式直流电机的励磁绕组和电枢绕组并联,其电源电压U、电枢电压U_a、励磁电压U_f之间的关系以及负载电流I、电枢电流I_a、励磁电流I_f之间的关系为

$$U=U_a=U_f$$
$$I=I_a+I_f \qquad (2-1)$$

串励式直流电机的励磁绕组和电枢绕组串联,其电源电压U、电枢电压U_a、励磁电压U_f之间的关系以及负载电流I、电枢电流I_a、励磁电流I_f之间的关系为

$$U=U_a+U_f$$

$$I=I_\mathrm{a}=I_\mathrm{f} \tag{2-2}$$

复励式直流电机既有并励绕组又有串励绕组,其特性介于并励式和串励式之间。

直流电机的运行特性主要包括直流电机的工作特性和直流电机的机械特性。直流电机的工作特性是指电机的转速特性、转矩特性和效率特性,即在保持额定电压、额定励磁电流(他励、并励)或励磁调节不变(串励、复励)的情况下,电机的转速、电磁转矩和效率随电枢电流(或输出功率)变化的特性。直流电机的机械特性是指在电源电压恒定、励磁调节电阻和电枢回路电阻不变的情况下,其转速与电磁转矩之间的关系,又称为转矩-转速特性,是电机的重要特性。

1. 并励直流电机的运行特性仿真

(1) 转速特性。并励直流电机的转速特性可表示为

$$n=\frac{U-R_\mathrm{a}I_\mathrm{a}}{C_\mathrm{e}\Phi} \tag{2-3}$$

式中,n 为电机转速;U 为电源电压;R_a 为电枢电阻;I_a 为电枢电流;C_e 为电动势常数,与电机结构有关;Φ 为每极磁通量。

电动势常数为

$$C_\mathrm{e}=\frac{pN}{60a} \tag{2-4}$$

式中,p 为极对数;a 为电枢绕组并联支路对数,单叠绕组 $a=p$,单波绕组 $a=1$;N 为电枢绕组导体总数。

根据并励直流电机转速特性数学模型,编写绘制并励直流电机转速特性曲线的 MATLAB 程序如下。

程序	注释
Ia=0:0.1:100;	定义电枢电流范围
U=220;	电源电压赋值
Ra=0.17;	电枢电阻赋值
p=2;	极对数赋值
N=398;	电枢导体总数赋值
a=1;	电枢绕组支路对数赋值
Ce=p*N/60/a;	计算电动势常数
figure(1)	设置图形窗口1
fa=[0.0053 0.0103 0.0153];	设置每极磁通量
for i=1:3	循环开始
n=(U-Ra*Ia)./Ce/fa(i);	计算电机转速
gss='-:--';	定义线型
plot(Ia,n,[gss(2*i-1)gss(2*i)])	绘制电机转速特性曲线
hold on	保存图形
end	循环结束
axis([0 100 500 4000])	定义坐标轴
xlabel('电枢电流/A')	x 轴标注
ylabel('电机转速/(r/min)')	y 轴标注
legend('磁通量 0.0053Wb','磁通量 0.0103Wb','磁通量 0.0153Wb')	曲线标注

程序	注释
| ```
figure(2)
fa=0.0103;
Ra=[0.07 0.17 0.27];
for i=1:3
n=(U-Ra(i)*Ia)./Ce/fa;
gss='-:--';
plot(Ia,n,[gss(2*i-1) gss(2*i)])
hold on
end
axis([0 100 500 4000])
xlabel('电枢电流/A')
ylabel('电机转速/(r/min)')
legend('电枢电阻 0.07Ω','电枢电阻 0.17Ω','电枢电阻 0.27Ω')
``` | 设置图形窗口 2<br>每极磁通量赋值<br>设置电枢电阻<br>循环开始<br>计算电机转速<br>定义线型<br>绘制电机转速特性曲线<br>保存图形<br>循环结束<br>定义坐标轴<br>x 轴标注<br>y 轴标注<br>曲线标注 |

在 MATLAB 编辑器中输入这些程序,点击运行按钮,可以得到并励直流电机转速特性曲线,如图 2-3 和图 2-4 所示。可以看出,并励直流电机的转速随电枢电流增加稍有下降,并励直流电机的转速随磁通量增加而快速下降,但并励直流电机的转速随电枢电阻增加而下降较小。

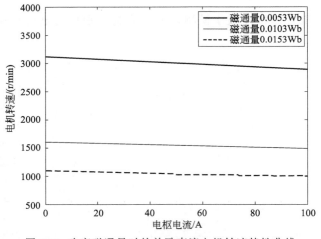

图 2-3 改变磁通量时的并励直流电机转速特性曲线

(2) 转矩特性。并励直流电机的转矩特性可表示为

$$T_e = C_T \Phi I_a \tag{2-5}$$

式中,T_e 为电磁转矩;C_T 为转矩常数,与电机结构有关。
转矩常数为

$$C_T = \frac{pN}{2\pi a} \tag{2-6}$$

如果忽略电枢反应,则转矩特性是一条过原点的直线。
```

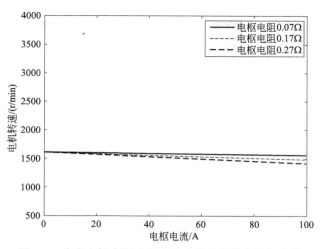

图 2-4　改变电枢内阻时的并励直流电机转速特性曲线

根据并励直流电机转矩特性数学模型，编写绘制并励直流电机转矩特性曲线的 MAT-LAB 程序如下：

程序	注释
Ia=0:0.1:100;	定义电枢电流范围
p=2;	极对数赋值
N=398;	电枢导体总数赋值
a=1;	电枢绕组支路对数赋值
CT=p*N/2/pi/a;	计算转矩常数
fa=[0.0053 0.0103 0.0153];	每极磁通量赋值
for i=1:3	循环开始
Te=CT*fa(i)*Ia;	计算电机电磁转矩
gss='-:--';	定义线型
plot(Ia,Te,[gss(2*i-1)gss(2*i)])	绘制电机转矩特性曲线
hold on	保存图形
end	循环结束
xlabel('电枢电流/A')	x 轴标注
ylabel('电磁转矩/N.m')	y 轴标注
legend('磁通量 0.0053Wb','磁通量 0.0103Wb','磁通量 0.0153Wb')	曲线标注

在 MATLAB 编辑器中输入这些程序，点击运行按钮，可以得到并励直流电机电磁转矩特性曲线，如图 2-5 所示。可以看出，并励直流电机的电磁转矩随电枢电流的增加而增加，并励直流电机的电磁转矩随磁通量的增加而增加。

（3）机械特性。并励直流电机的机械特性可表示为

$$n=\frac{U}{C_e\Phi}-\frac{R_a+R_j}{C_eC_T\Phi^2}T_e \tag{2-7}$$

式中，R_j 为电枢回路外的串联电阻。

根据并励直流电机机械特性数学模型，编写绘制并励直流电机机械特性曲线的 MAT-LAB 程序如下：

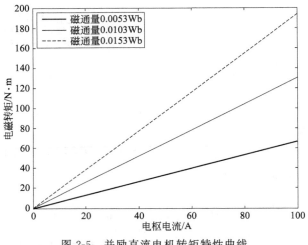

图 2-5　并励直流电机转矩特性曲线

程序	注释
Te=0:0.1:200;	定义电枢电流范围
Ra=0.17;	电枢绕组赋值
Rj=0;	串联电阻赋值
fa=0.0103;	每极磁通量赋值
p=2;	极对数赋值
N=398;	电枢导体总数赋值
a=1;	电枢绕组支路对数赋值
Ce=p*N/60/a;	计算电动势常数
CT=p*N/2/pi/a;	计算转矩常数
U=[200 220 240];	设置电源电压
for i=1:3	循环开始
n=U(i)./Ce/fa-(Ra+Rj)*Te/Ce/CT/fa^2;	计算电机转速
figure(1)	设置图形窗口1
gss='-:--';	定义线型
plot(Te,n,[gss(2*i-1)gss(2*i)])	绘制电机机械特性曲线
hold on	保存图形
end	循环结束
xlabel('电磁转矩/N.m')	x轴标注
ylabel('电机转速/(r/min)')	y轴标注
legend('电源电压200V','电源电压220V','电源电压240V')	曲线标注
figure(2)	设置图形窗口2
U=220;	电源电压赋值
Ra=[0.07 0.17 0.27];	设置电枢电阻
for i=1:3	循环开始
n=U/Ce/fa-(Ra(i)+Rj)*Te/Ce/CT/fa^2;	计算电机转速
gss='-:--';	定义线型
plot(Te,n,[gss(2*i-1)gss(2*i)])	绘制电机机械特性曲线

程序	注释
hold on	保存图形
end	循环结束
xlabel('电磁转矩/N.m')	x轴标注
ylabel('电机转速/(r/min)')	y轴标注
legend('电枢电阻0.07Ω','电枢电阻0.17Ω','电枢电阻0.27Ω')	曲线标注
figure(3)	设置图形窗口3
Ra=0.17;	电枢电阻赋值
Rj=[0 0.2 0.4];	设置串联电阻
for i=1:3	循环开始
n=U/Ce/fa-(Ra+Rj(i))*Te/Ce/CT/fa^2;	计算电机转速
gss='-:--';	定义线型
plot(Te,n,[gss(2*i-1)gss(2*i)])	绘制电机机械特性曲线
hold on	保存图形
end	循环结束
xlabel('电磁转矩/N.m')	x轴标注
ylabel('电机转速/(r/min)')	y轴标注
legend('串联电阻0Ω','串联电阻0.2Ω','串联电阻0.4Ω')	曲线标注

在MATLAB编辑器中输入这些程序，点击运行按钮，可以得到并励直流电机机械特性曲线。图2-6所示为改变电枢电压时的并励直流电机机械特性曲线。可以看出，逐渐减小电源电压时，理想空载转速逐渐下降，但从空载到满载转速变化很小，这种特性称为硬机械特性。这使并励直流电机具有的优良调速性能。

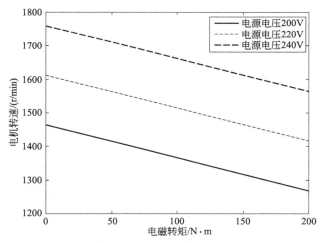

图2-6 改变电枢电压时的并励直流电机机械特性曲线

图2-7所示为改变电枢电阻时的并励直流电机机械特性曲线。可以看出，当电枢电阻增大时，机械特性曲线的斜率（绝对值）逐渐增大，转速降低，使特性逐渐变软，但电机的理想空载转速不变。

图2-8所示为改变串联电阻时的并励直流电机机械特性曲线。可以看出，当串联电阻增大时，机械特性曲线的斜率（绝对值）逐渐增大，转速降低，使特性逐渐变软，但电机的理想空载转速不变。

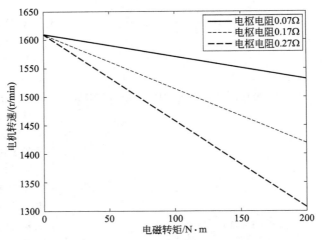

图 2-7 改变电枢电阻时的并励直流电机机械特性曲线

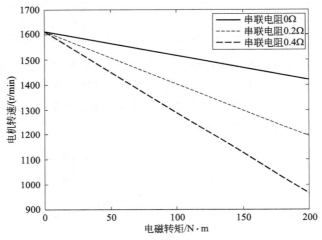

图 2-8 改变串联电阻时的并励直流电机机械特性曲线

2. 串励直流电机的运行特性仿真

串励直流电机的特点是负载电流、电枢电流和励磁电流是一个电流,即 $I=I_a=I_f$,气隙主磁通随电枢电流的变化而变化,同时对电机转速产生较大影响。

(1) 转速特性。串励直流电机的转速特性可表示为

$$n=\frac{U-(R_a+R_f)I_a}{C_e\Phi} \tag{2-8}$$

式中,R_f 为励磁电阻。

当负载电流较小时,电机的磁路没有饱和,每极磁通量与励磁电流成线性变化关系,即

$$\Phi=K_f I_f=K_f I_a \tag{2-9}$$

式中,K_f 为比例系数。

根据串励直流电机转速特性数学模型,编写绘制串励直流电机转速特性曲线的 MATLAB 程序如下。

程序	注释
Ia=20:0.1:120;	定义电枢电流范围
U=220;	电源电压赋值
Ra=0.2;	电枢电阻赋值
Rf=0.12;	励磁电阻赋值
p=2;	极对数赋值
N=120;	电枢导体总数赋值
a=1;	电枢绕组支路对数赋值
Ce=p*N/60/a;	计算电动势常数
figure(1)	设置图形窗口1
Kf=[0.001 0.002 0.003];	设置比例系数
for i=1:3	循环开始
n=U./(Ce*Kf(i)*Ia)-(Ra+Rf)./Ce/Kf(i);	计算电机转速
gss='-:--';	设置线型
plot(Ia,n,[gss(2*i-1)gss(2*i)])	绘制电机转速特性曲线
hold on	保存图形
end	循环结束
xlabel('电枢电流/A')	x轴标注
ylabel('电机转速/(r/min)')	y轴标注
legend('比例系数 0.001','比例系数 0.002','比例系数 0.003')	曲线标注
figure(2)	设置图形窗口2
Kf=0.002;	比例系数赋值
Ra=[0.1 0.2 0.3];	设置电枢电阻
for i=1:3	循环开始
n=U./(Ce*Kf*Ia)-(Ra(i)+Rf)./Ce/Kf;	计算电机转速
gss='-:--';	设置线型
plot(Ia,n,[gss(2*i-1)gss(2*i)])	绘制电机转速特性曲线
hold on	保存图形
end	循环结束
xlabel('电枢电流/A')	x轴标注
ylabel('电机转速/(r/min)')	y轴标注
legend('电枢电阻 0.1Ω','电枢电阻 0.2Ω','电枢电阻 0.3Ω')	曲线标注
figure(3)	设置图形窗口3
Ra=0.2;	电枢电阻赋值
Rf=[0 0.12 0.24];	设置励磁电阻
for i=1:3	循环开始
n=U./(Ce*Kf*Ia)-(Ra+Rf(i))./Ce/Kf;	计算电机转速
gss='-:--';	设置线型
plot(Ia,n,[gss(2*i-1)gss(2*i)])	绘制电机转速特性曲线
hold on	保存图形
end	循环结束
xlabel('电枢电流/A')	x轴标注
ylabel('电机转速/(r/min)')	y轴标注
legend('励磁电阻 0Ω','励磁电阻 0.12Ω','励磁电阻 0.24Ω')	曲线标注

在 MATLAB 编辑器中输入这些程序，点击运行按钮，可以得到串励直流电机转速特性曲线。图 2-9 所示为改变比例系数时的串励直流电机转速特性曲线。可以看出，串励直流电机的转速随电枢电流增加而下降，而且比例系数增加，转速下降。

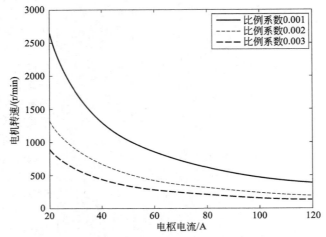

图 2-9　改变比例系数时的串励直流电机转速特性曲线

图 2-10 所示为改变电枢电阻时的串励直流电机转速特性曲线。可以看出，电枢电阻增加，转速有所下降。

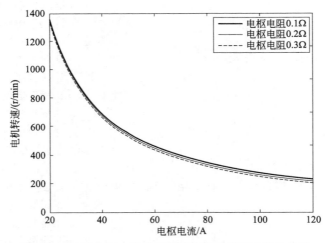

图 2-10　改变电枢电阻时的串励直流电机转速特性曲线

图 2-11 所示为改变励磁电阻时的串励直流电机转速特性曲线。可以看出，励磁电阻增加，转速有所下降。

（2）转矩特性。串励直流电机的转矩特性可表示为

$$T_e = C_T \Phi I = C_T K_f I_a^2 \qquad (2\text{-}10)$$

根据串励直流电机转矩特性数学模型，编写绘制串励直流电机转矩特性曲线的 MATLAB 程序如下。

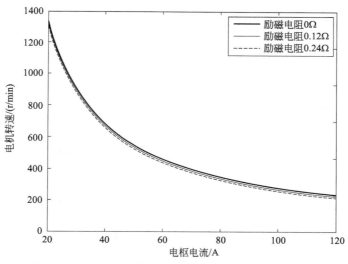

图 2-11　改变励磁电阻时的串励直流电机转速特性曲线

程序	注释
Ia=20:0.1:120;	定义电枢电流范围
p=2;	极对数赋值
N=120;	电枢导体总数赋值
CT=p*N/2/pi;	计算转矩常数
Kf=[0.001 0.002 0.003];	设置比例系数
for i=1:3	循环开始
Te=CT*Kf(i)*Ia.^2;	计算电机转矩
gss='-:--';	设置线型
plot(Ia,Te,[gss(2*i-1)gss(2*i)])	绘制电机转矩特性曲线
hold on	保存图形
end	循环结束
xlabel('电枢电流/A')	x 轴标注
ylabel('电磁转矩/N.m')	y 轴标注
legend('比例系数 0.0001','比例系数 0.0002','比例系数 0.0003')	曲线标注

　　在 MATLAB 编辑器中输入这些程序，点击运行按钮，可以得到串励直流电机转矩特性曲线，如图 2-12 所示。可以看出，当电枢电流增加时，串励直流电机的转矩快速增加，但与此同时转速也快速下降，因此基本保持了功率恒定，即串励直流电机具有恒功率特性。比例系数增加，电磁转矩也增加。

（3）机械特性。串励直流电机的机械特性可表示为

$$n=\frac{1}{C_e K_f}\left(\sqrt{\frac{C_T K_f}{T_e}}U-R_a-R_f\right) \qquad (2-11)$$

　　根据串励直流电机机械特性数学模型，编写绘制串励直流电机机械特性曲线的 MATLAB 程序如下。

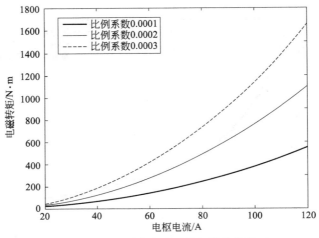

图 2-12　串励直流电机转矩特性曲线

程序	注释
Te＝10:0.1:300;	定义电枢电流范围
Ra＝0.2;	电枢电阻赋值
Rf＝0.12;	励磁电阻赋值
p＝2;	极对数赋值
N＝120;	电枢导体总数赋值
a＝1;	电枢绕组支路对数赋值
Ce＝p*N/60/a;	计算电动势常数
CT＝p*N/2/pi;	计算转矩常数
Kf＝0.001;	比例系数赋值
U＝[200 250 300];	设置电源电压范围
for i＝1:3	循环开始
n＝1/(Ce*Kf)*(U(i)*sqrt((CT*Kf)./Te)-Ra-Rf);	计算电机转速
figure(1)	设置图形窗口 1
gss＝'-:--';	设置线型
plot(Te,n,[gss(2*i-1)gss(2*i)])	绘制电机机械特性曲线
hold on	保存图形
end	循环结束
xlabel('电磁转矩/N.m')	x 轴标注
ylabel('电机转速/(r/min)')	y 轴标注
legend('电源电压 200V','电源电压 250V','电源电压 300V')	曲线标注
U＝220;	电源电压赋值
Ra＝[0.2 1.2 2.2];	设置电枢电阻范围
for i＝1:3	循环开始
n＝1/(Ce*Kf)*(U*sqrt((CT*Kf)./Te)-Ra(i)-Rf);	计算电机转速
figure(2)	设置图形窗口 2
gss＝'-:--';	设置线型
plot(Te,n,[gss(2*i-1)gss(2*i)])	绘制电机机械特性曲线
hold on	保存图形

程序	注释
end	循环结束
xlabel('电磁转矩/N.m')	x 轴标注
ylabel('电机转速/(r/min)')	y 轴标注
legend('电枢电阻 0.2Ω','电枢电阻 1.2Ω','电枢电阻 2.2Ω')	曲线标注
Ra=0.2;	电枢电阻赋值
Rf=[0.12 1.12 2.12];	设置励磁电阻范围
for i=1:3	循环开始
n=1/(Ce*Kf)*(U*sqrt((CT*Kf)./Te)-Ra-Rf(i));	计算电机转速
figure(3)	设置图形窗口 3
gss='-:--';	设置线型
plot(Te,n,[gss(2*i-1)gss(2*i)])	绘制电机机械特性曲线
hold on	保存图形
end	循环结束
xlabel('电磁转矩/N.m')	x 轴标注
ylabel('电机转速/(r/min)')	y 轴标注
legend('励磁电阻 0.12Ω','励磁电阻 1.12Ω','励磁电阻 2.12Ω')	曲线标注

在 MATLAB 编辑器中输入这些程序,点击运行按钮,可以得到串励直流电机机械特性曲线。图 2-13 所示为改变电源电压时的串励直流电机机械特性曲线。可以看出,串励直流电机转速随转矩的增加迅速下降,这种特性称为软机械特性。当电源电压减小时,机械特性曲线向下移动,其特性曲线逐渐变软。

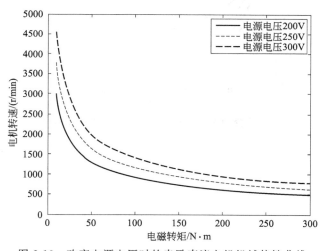

图 2-13　改变电源电压时的串励直流电机机械特性曲线

图 2-14 所示为改变电枢电阻时的串励直流电机机械特性曲线。可以看出,当电枢电阻增大时,机械特性曲线向下移动,其斜率(绝对值)很快增大,转速降低,使特性快速变软,但电机的理想空载转速不变。

图 2-15 所示为改变励磁电阻时的串励直流电机机械特性曲线。可以看出,当励磁电阻增大时,机械特性曲线向下移动,其斜率(绝对值)很快增大,转速降低,使特性快速变软,但电机的理想空载转速不变。

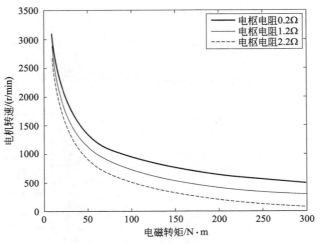

图 2-14　改变电枢电阻时的串励直流电机机械特性曲线

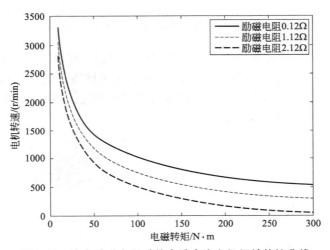

图 2-15　改变励磁电阻时的串励直流电机机械特性曲线

实例 三

交流感应电机输出特性仿真

交流感应电机是指定子及转子为独立绕组,双方通过电磁感应来传递转矩,其转子以低于或高于气隙旋转磁场转速旋转的交流电机。

任务描述

主要任务：
1. 建立交流感应电机数学模型
2. 建立交流感应电机输出特性仿真模型
3. 交流感应电机输出特性仿真

交流感应电机输出特性仿真所需参数见表 3-1。

表 3-1 交流感应电机输出特性仿真所需参数

额定电压/V	频率/Hz	极对数	定、转子电感/H
380	60	2	0.0076
定、转子漏感/H	定子电阻/Ω	转子电阻/Ω	转动惯量/kg·m²
0.0003	0.0148	0.0093	2.30
比例系数	积分系数	初始磁通量/Wb	
30	200	0.8	

设置仿真时间为 3s。初始时角速度为 100rad/s，1s 时角速度变为 0rad/s，2s 时角速度为 -100rad/s，3s 时角速度变为 0rad/s，分别在 0.5s、2.5s 时对电机加以 435N·m 的负载，1s 和 2s 时对电机加以 -435N·m 负载。

任务实施过程

交流感应电机一般由定子（静止不动的部分）、转子（旋转产生动能的部分）、机座（连接定子和转子的壳体）和散热部件等构成，如图 3-1 所示。转子由导电性好的金属材质制成，如铝、铜等，且转子大多采用笼式结构，工作时也是通过给定子通电，此时与转子感应电流相互作用产生电磁转矩，从而使转子转动。

1. 建立交流感应电机数学模型

建立交流感应（异步）电机数学模型时，进行如下假设。

① 定、转子表面光滑，绕组三相对称，电磁场呈空间正弦分布。

② 忽略温度、供电频率变化对电机参数的影响。

③ 忽略铁芯损耗、磁路饱和、涡流等现象。

④ 电机结构绝对对称，三相绕组各参数相同，自感和互感现象恒定。

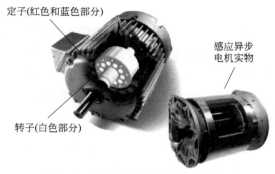

图 3-1 交流感应电机结构（彩图）

交流感应电机物理等效模型如图 3-2 所示，定子和转子均为相差 120°的三相对称绕组，转子定轴线分别为 A、B 和 C，定子动轴线分别为 a、b 和 c。向定子线圈通三相交流电，定子 A 相和转子 a 相电阻分别为 R_s 和 R_r，转子逆时针旋转，角速度为 ω_{re}。当转子转过角度为 θ_{re} 时，定子 A 相自感及其与转子 a 相互感分别为 L_s 和 M，转子 a 相自感及其与定子 A 相互感分别为 l_r 和 $M\cos\theta_{re}$。

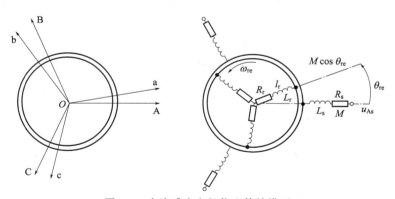

图 3-2 交流感应电机物理等效模型

（1）用三相静止坐标系表示磁链和电压方程。绕组磁链包括自感磁链和互感磁链，其中互感磁链又包括自绕组之间的磁通和定、转子相互绕组之间的磁通，定、转子绕组磁链方程为

$$\psi = Li = \begin{bmatrix} L_{XX} & M_{XY} \\ m_{XY} & l_{XX} \end{bmatrix} i \quad (3-1)$$

式中，ψ 为绕组总磁链矩阵；L 为绕组总电感矩阵；i 为绕组总电流矩阵；L_{XX} 为定子

25

X 相绕组的自感；l_{XX} 为转子 X 相绕组的自感；M_{XY} 为定子 X 相绕组对转子 Y 相绕组的互感；m_{XY} 为转子 X 相绕组对定子 Y 相绕组的互感。

定子和转子绕组的匝数相等，并且忽略不穿过气隙的漏磁通，因此定子和转子之间的互感磁通相等；由于定子和转子自相绕组参数相同，三相绕组的自感磁通相等，并且交链磁通等于互感与漏感磁通之和，则有

$$M_s = m_r \tag{3-2}$$

$$L_{AA} = L_{BB} = L_{CC} = M_s + l_{ls}$$
$$l_{aa} = l_{bb} = l_{cc} = m_r + l_{lr} = M_s + l_{lr} \tag{3-3}$$

式中，M_s 为与定子一相绕组交链的最大互感；m_r 为与转子一相绕组交链的最大互感；l_{ls} 为定子各相漏感；l_{lr} 为转子各相漏感；L_{AA}、L_{BB}、L_{CC} 分别为定子 A 相、B 相、C 相绕组的自感；l_{aa}、l_{bb}、l_{cc} 分别为转子 a 相、b 相、c 相绕组的自感。

由于磁场成空间正弦分布，定子和转子的三轴相位差为 $\pm 120°$，因此，固定位置的互感值为

$$M_{AB} = M_{BC} = M_{CA} = M_{BA} = M_{CB} = M_{AC} = M_s \cos 120° = -\frac{1}{2} M_s$$
$$m_{ab} = m_{bc} = m_{ca} = m_{ba} = m_{cb} = m_{ac} = m_r \cos 120° = -\frac{1}{2} m_r = -\frac{1}{2} M_s \tag{3-4}$$

设转子机械转角为 θ_m，不同位置下定子和转子绕组间互感值为

$$M_{Aa} = m_{aA} = M_{Bb} = m_{bB} = M_{Cc} = m_{cC} = M_s \cos \theta_m$$
$$M_{Ac} = m_{cA} = M_{Ba} = m_{aB} = M_{Cb} = m_{bC} = M_s \cos(\theta_m - 120°) \tag{3-5}$$
$$M_{Ab} = m_{bA} = M_{Bc} = m_{cB} = M_{Ca} = m_{aC} = M_s(\theta_m + 120°)$$

令定子和转子每相绕组的合成磁链分别为 ψ_A、ψ_B、ψ_C 和 ψ_a、ψ_b、ψ_c，定子和转子每相绕组电流分别为 i_A、i_B、i_C 和 i_a、i_b、i_c，联立式(3-1)～式(3-5)，定、转子绕组磁链方程变为

$$\psi = \begin{bmatrix} \psi_s \\ \psi_r \end{bmatrix} = \begin{bmatrix} L_{ss} & L_{sr} \\ L_{rs} & L_{rr} \end{bmatrix} \begin{bmatrix} i_s \\ i_r \end{bmatrix} \tag{3-6}$$

式中，$\psi_s = [\psi_A \quad \psi_B \quad \psi_C]^T$；$\psi_r = [\psi_a \quad \psi_b \quad \psi_c]^T$；$i_s = [i_A \quad i_B \quad i_C]^T$；$i_r = [i_a \quad i_b \quad i_c]^T$；

$$L_{ss} = \begin{bmatrix} M_s + l_{ls} & -\frac{1}{2}M_s & -\frac{1}{2}M_s \\ -\frac{1}{2}M_s & M_s + l_{ls} & -\frac{1}{2}M_s \\ -\frac{1}{2}M_s & -\frac{1}{2}M_s & M_s + l_{ls} \end{bmatrix}; \quad L_{rr} = \begin{bmatrix} M_s + l_{lr} & -\frac{1}{2}M_s & -\frac{1}{2}M_s \\ -\frac{1}{2}M_s & M_s + l_{lr} & -\frac{1}{2}M_s \\ -\frac{1}{2}M_s & -\frac{1}{2}M_s & M_s + l_{lr} \end{bmatrix};$$

$$L_{rs} = L_{sr}^T = M_s \begin{bmatrix} \cos\theta_m & \cos(\theta_m - 120°) & \cos(\theta_m + 120°) \\ \cos(\theta_m + 120°) & \cos\theta_m & \cos(\theta_m - 120°) \\ \cos(\theta_m - 120°) & \cos(\theta_m + 120°) & \cos\theta_m \end{bmatrix}。$$

令定子和转子每相绕组相电压分别为 u_A、u_B、u_C 和 u_a、u_b、u_c，由基尔霍夫电压定律及法拉第电磁感应定律，得定子和转子三相绕组电压平衡方程为

$$\begin{bmatrix} u_A \\ u_B \\ u_C \\ u_a \\ u_b \\ u_c \end{bmatrix} = \begin{bmatrix} R_s & 0 & 0 & 0 & 0 & 0 \\ 0 & R_s & 0 & 0 & 0 & 0 \\ 0 & 0 & R_s & 0 & 0 & 0 \\ 0 & 0 & 0 & R_r & 0 & 0 \\ 0 & 0 & 0 & 0 & R_r & 0 \\ 0 & 0 & 0 & 0 & 0 & R_r \end{bmatrix} \begin{bmatrix} i_A \\ i_B \\ i_C \\ i_a \\ i_b \\ i_c \end{bmatrix} + p \begin{bmatrix} \psi_A \\ \psi_B \\ \psi_C \\ \psi_a \\ \psi_b \\ \psi_c \end{bmatrix} \tag{3-7}$$

式中，R_s 为定子单相绕组的电阻；R_r 为转子单相绕组的电阻；p 为微分算子 d/dt。

设电机转子旋转角速度为 ω_{re}，则角速度表达式为

$$\omega_{re} = p\theta_m \tag{3-8}$$

联立式(3-6)~式(3-8) 可得

$$\begin{bmatrix} u_s \\ u_r \end{bmatrix} = \begin{bmatrix} R_S & 0 \\ 0 & R_R \end{bmatrix} \begin{bmatrix} i_s \\ i_r \end{bmatrix} + \begin{bmatrix} L_{ss} & L_{sr} \\ L_{rs} & L_{rr} \end{bmatrix} \begin{bmatrix} \dfrac{di_s}{dt} \\ \dfrac{di_r}{dt} \end{bmatrix} + \begin{bmatrix} \dfrac{dL_{ss}}{d\theta_m} & \dfrac{dL_{sr}}{d\theta_m} \\ \dfrac{dL_{rs}}{d\theta_m} & \dfrac{dL_{rr}}{d\theta_m} \end{bmatrix} \begin{bmatrix} i_s \\ i_r \end{bmatrix} \omega_{re} \tag{3-9}$$

式中，$R_S = \begin{bmatrix} R_s & 0 & 0 \\ 0 & R_s & 0 \\ 0 & 0 & R_s \end{bmatrix}$；$R_R = \begin{bmatrix} R_r & 0 & 0 \\ 0 & R_r & 0 \\ 0 & 0 & R_r \end{bmatrix}$。

（2）用三相静止坐标系表示转矩和运动方程。电磁转矩为转子机械角变化时电磁能变化率，由机电能转换原理，得三相绕组储存的电磁能 W 的表达式为

$$W = \frac{1}{2} \begin{bmatrix} i_s \\ i_r \end{bmatrix}^T \begin{bmatrix} L_{ss} & L_{sr} \\ L_{rs} & L_{rr} \end{bmatrix} \begin{bmatrix} i_s \\ i_r \end{bmatrix} \tag{3-10}$$

由式（3-10）得交流感应电机电磁转矩的表达式为

$$\begin{aligned} T_e &= \frac{\partial W}{\partial \theta_m} = n_p \frac{\partial W}{\partial \theta} = \frac{1}{2} n_p \begin{bmatrix} i_s \\ i_r \end{bmatrix}^T \begin{bmatrix} 0 & \dfrac{\partial L_{sr}}{\partial \theta} \\ \dfrac{\partial L_{rs}}{\partial \theta} & 0 \end{bmatrix} \begin{bmatrix} i_s \\ i_r \end{bmatrix} \\ &= n_p M_s \begin{bmatrix} i_{Aa} i_{Bb} i_{Cc} \\ i_{Ab} i_{Bc} i_{Ca} \\ i_{Ac} i_{Ba} i_{Cb} \end{bmatrix} \begin{bmatrix} \sin\theta \\ \sin\left(\theta + \dfrac{2}{3}\pi\right) \\ \sin\left(\theta + \dfrac{4}{3}\pi\right) \end{bmatrix} \end{aligned} \tag{3-11}$$

式中，T_e 为电磁转矩；n_p 为交流感应电机极对数。

交流感应电机的运动方程为

$$T_e - T_L = \frac{J}{n_p} \times \frac{d\omega_{re}}{dt} + \frac{D}{n_p}\omega_{re} + \frac{K}{n_p}\theta_m \tag{3-12}$$

式中，T_L 为负载转矩；J 为整个系统的转动惯量；D 为阻转矩阻尼系数；K 为扭转弹性转矩系数。

当负载为恒转矩时，有 $D=K=0$。

（3）Clark 变换。为了简化表示方法，便于分析电机性能，对电压方程和转矩方程进行

Clark 变换，将三相交流坐标系变换成两相直角坐标系，如图 3-3 所示。

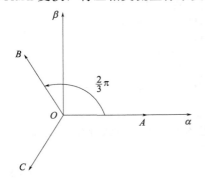

图 3-3 α-β 坐标系

设变换矩阵为 C_1，根据变换前后能量不变原则，则根据图 3-3 得两坐标系关系式为

$$\begin{bmatrix} \alpha \\ \beta \\ \delta \end{bmatrix} = C_1 \begin{bmatrix} A \\ B \\ C \end{bmatrix} = m \begin{bmatrix} 1 & -\frac{1}{2} & -\frac{1}{2} \\ 0 & \frac{\sqrt{3}}{2} & -\frac{\sqrt{3}}{2} \\ \gamma & \gamma & \gamma \end{bmatrix} \begin{bmatrix} A \\ B \\ C \end{bmatrix} \quad (3\text{-}13)$$

$$C_1 C_1^\mathrm{T} = I \quad (3\text{-}14)$$

式中，A、B、C 分别为三相交流坐标系的物理量；α、β 分别为两相静止坐标系的物理量；δ 为虚设的坐标系物理量；m 为待定系数；γ 为虚设的待定系数；I 为单位矩阵。

交流感应电机不存在零相，且满足电压与电流矢量和为零，由式(3-13)和式(3-14)可推导出变换矩阵 C_1 的表达式为

$$C_1 = \sqrt{\frac{2}{3}} \begin{bmatrix} 1 & -\frac{1}{2} & -\frac{1}{2} \\ 0 & \frac{\sqrt{3}}{2} & -\frac{\sqrt{3}}{2} \end{bmatrix} \quad (3\text{-}15)$$

将式(3-9)进行坐标变换，得 α-β 坐标系下的电压为

$$\begin{bmatrix} u_{\alpha s} \\ u_{\beta s} \\ 0 \\ 0 \end{bmatrix} = \begin{bmatrix} R_s + p(M_s' + l_{1s}) & 0 & pM_s' & 0 \\ 0 & R_s + p(M_s' + l_{1s}) & 0 & pM_s' \\ pM_s' & \omega_{re} M_s' & R_r + p(M_s' + l_{1r}) & \omega_{re}(M_s' + l_{1r}) \\ -\omega_{re} M_s' & pM_s' & -\omega_{re}(M_s' + l_{1r}) & R_r + p(M_s' + l_{1r}) \end{bmatrix} \begin{bmatrix} i_{\alpha s} \\ i_{\beta s} \\ i_{\alpha r} \\ i_{\beta r} \end{bmatrix}$$

$$(3\text{-}16)$$

式中，$u_{\alpha s}$ 为 α 相定子电压；$u_{\beta s}$ 为 β 相定子电压；M_s' 为 $\frac{3}{2} M_s$；$i_{\alpha s}$ 为 α 相定子电流；$i_{\beta s}$ 为 β 相定子电流；$i_{\alpha r}$ 为 α 相转子电流；$i_{\beta r}$ 为 β 相转子电流。

由式(3-7)和式(3-16)可将定子磁链的表达式写为

$$\Psi_{s\alpha\beta} = \int (u_{s\alpha\beta} - R_s i_{s\alpha\beta}) \mathrm{d}t \quad (3\text{-}17)$$

式中，$\Psi_{s\alpha\beta}$ 为两相静止坐标系下定子磁链；$u_{s\alpha\beta}$ 为两相静止坐标系下定子电压；$i_{s\alpha\beta}$ 为两相静止坐标系下定子电流。

将式(3-17)进行离散化，对于磁链积分运算采用离散梯形积分（即进行 z 变换），其表达式变为

$$\Psi_{s\alpha\beta} = (u_{s\alpha\beta} - R_s i_{s\alpha\beta}) \frac{K T_s (z+1)}{2(z-1)} \quad (3\text{-}18)$$

式中，K 为积分系数；T_s 为采样时间。

转矩方程表达式可以由定子和转子电流及交链磁链表示为

$$T_e = pM'_s(i_{\beta s}i_{\alpha r} - i_{\alpha s}i_{\beta r}) \tag{3-19}$$

2. 建立交流感应电机输出特性仿真模型

交流感应电机采用对电机参数依赖性小的直接转矩控制（Direct Torque Control，DTC）方式，交流感应电机的 DTC 系统如图 3-4 所示，主要由调节器、转矩极性鉴别器（P/N）、脉冲调制（PWM）控制器、光电编码器以及坐标变换和电机数学模型等部分构成。直接转矩控制调节器包括转速调节器（ASR）、转矩调节器（ATR）和磁链调节器（AΨR），控制系统根据角速度期望值 ω_r^* 与角速度实际值 ω_r 的偏差，经过 ASR 输出期望转矩信号 T_e^*，ASR 通常用比例积分的控制方式，根据 T_e^* 和计算转矩值 T_e 的偏差输出转矩差值符号函数 $\mathrm{sgn}(\Delta T_e)$。P/N 对目标转矩正负进行判断，输出目标转矩符号函数 $\mathrm{sgn}(T_e^*)$，AΨR 根据期望和计算磁链值（Ψ_S^* 和 Ψ_S）偏差输出磁链差值符号函数 $\mathrm{sgn}(\Delta\Psi_e)$，由 $\mathrm{sgn}(\Delta T_e)$、$\mathrm{sgn}(T_e^*)$ 和 $\mathrm{sgn}(\Delta\Psi_e)$ 计算电机转子的位置，按照开关表选择输出电压矢量 S_A、S_B 和 S_C。PWM 控制器对模拟信号电平进行数字编码和正弦波调制，输出三相电压 u_A、u_B、u_C 和电流 i_A、i_B、i_C 信号，经过坐标变换获得两相电压 u_α、u_β 和电流 i_α、i_β 信号作为电机模型的输入变量获得转矩和磁链值，并输出转子位置信号 φ，形成闭环系统，从而控制电机按要求调节输出转矩和转速。

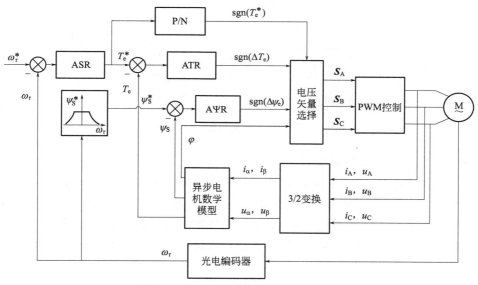

图 3-4 交流感应电机 DTC 系统组成

交流感应电机 DTC 系统仿真模型如图 3-5 所示，以目标转速和电机负载作为输入信号，通过控制系统的控制，获得预期的电机转速与转矩信号。

仿真模型主要由 12V 直流（DC）电源、逆变器（获得交流电）、检测单元（获得电流信号 I_ab 和电压信号 V_abc）、电机（输出转矩和转速信号）、转速控制单元（根据目标转速 N* 和实际转速 N 通过 PI 调节获得期望转矩 Torque* 和期望磁链 Flux*）、转矩和磁链估算单元（对三相电流 I_AB 和电压 V_abc 进行坐标变换，并计算出实际的转矩 Torque、磁链的幅值 Flux 和转角 angle）、滞环控制单元（将转矩和磁链偏差与设置的宽度进行比较，输出对应的状态值 H_Te 和 H_phi，同时直接输出磁链反馈值 Flux_est)、开关表（根据输入的设定转矩 H Te、设定磁链 H Phi、反馈磁链 Flux est 和磁链的运行区域 Sector 输出初始的磁链 MagC 和逆变器驱动信号 Gates）及其控制单元（获得射频脉冲）、磁链选择单元（确定 Sector）组成。

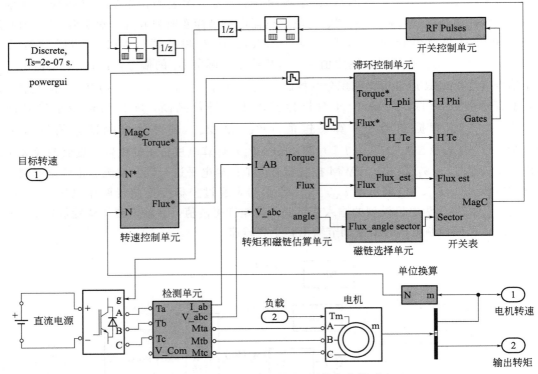

图 3-5 交流感应电机 DTC 系统仿真模型

3. 交流感应电机输出特性仿真

利用交流感应电机 DTC 系统仿真模型，可以得到交流感应电机角速度与转矩变化曲线，分别如图 3-6 和图 3-7 所示。可知车辆加速阶段，电机启动时空载运行，快速达到设定角速度后电机负载角速度恒定输出转矩，电机角速度变为 0rad/s 时，负载消失；车辆减速阶段电机反转，同加速阶段一样，电机先空载再负载，输出转矩随之变化。仿真结果表明，

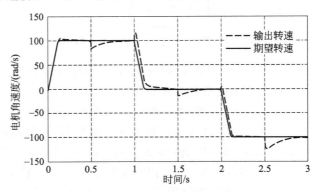

图 3-6 交流感应电机角速度变化曲线

DTC能够快速响应,对期望角速度进行跟踪,获得相应的输出转矩。

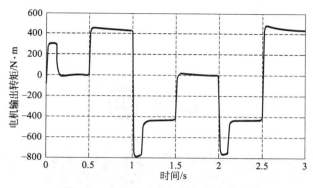

图 3-7 交流感应电机转矩变化曲线

实例 四

永磁同步电机矢量控制仿真

永磁同步电机是指转子采用永磁材料励磁的同步电机,是国内电动汽车应用的主流,约占80%。永磁同步电机属于交流电机的一种,其转子是由带有永久磁场的钢制成,电机工作时给定子通电,产生旋转磁场推动转子转动,而"同步"的意思是在稳态运行时,转子的旋转速度与磁场的旋转速度同步。

任务描述

主要任务:
1. 永磁同步电机功角特性仿真
2. 建立永磁同步电机数学模型
3. 建立永磁同步电机矢量控制仿真模型
4. 永磁同步电机性能仿真

永磁同步电机矢量控制仿真所需参数见表 4-1。

表 4-1 永磁同步电机矢量控制仿真所需参数

直轴同步电抗/Ω	交轴同步电抗/Ω	输入电压/V	单相的空载反电动势/V
1.2	0.9	230	225.5
电枢电阻/Ω	磁链/H	直轴电感/H	交轴电感/H
0.021	0.1688	0.00126	0.00056
极对数	转动惯量/kg·m^2		
4	0.043		

任务实施过程

永磁同步电机由定子、转子、电机外壳等部件组成，如图 4-1 所示。

1. 永磁同步电机功角特性仿真

在分析永磁同步电机时，经常把负载电流分解为直轴电流和交轴电流两个分量。图 4-2 所示为永磁同步电机的物理模型，以平行于转子合成磁场为 d 轴，垂直于转子合成磁场为 q 轴，建立 $d\text{-}q$ 坐标系。

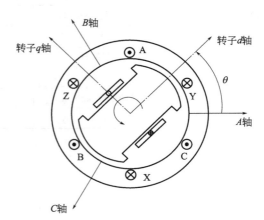

图 4-1　永磁同步电机结构　　　　　图 4-2　永磁同步电机的物理模型

如果忽略三相绕组的电阻，则永磁同步电机定子单相电压方程为

$$U = E_0 + I_a R_a + jI_d X_d + jI_q X_q \tag{4-1}$$

式中，U 为电机定子单相电压；E_0 为单相的空载反电动势；I_a 为电枢电流，$I_a = I_d + I_q$；I_d 为直（d）轴电枢电流；I_q 为交（q）轴电枢电流；R_a 为电枢电阻；X_d 为直轴同步电抗；X_q 为交轴同步电抗。

永磁同步电机从电源吸收的有功功率扣除在三相绕组中消耗的铜损后的电磁功率为

$$P_{em} = 3P_s = 3UI_s \cos\varphi \tag{4-2}$$

式中，P_{em} 为电机电磁功率；P_s 为电机单相电磁功率；U 为电机定子单相电压；I_s 为电机定子单相电流；φ 为电机功率因数角。

$d\text{-}q$ 轴的电压方程为

$$\begin{aligned} I_d X_d &= E_0 - U\cos\theta \\ I_q X_q &= U\sin\theta \end{aligned} \tag{4-3}$$

式中，θ 为功角。

电机功率因数角与功角之间的关系为

$$\varphi = \psi - \theta \tag{4-4}$$

式中，ψ 为内功率因数角。

将式 (4-4) 代入式 (4-2) 可得

$$P_{em} = 3UI_s \cos\psi\cos\theta + 3UI_s \sin\psi\sin\theta \tag{4-5}$$

电机定子单相电流与直、交轴电枢电流的关系为

$$I_d = I_s \sin\psi$$
$$I_q = I_s \cos\psi \tag{4-6}$$

将式(4-6)、式(4-3)代入式(4-5)可得

$$P_{em} = \frac{3E_0 U}{X_d}\sin\theta + \frac{3U^2}{2}\left(\frac{1}{X_q} - \frac{1}{X_d}\right)\sin 2\theta \tag{4-7}$$

永磁同步电机电磁功率分两部分：第一部分由永磁场与电枢磁场相互作用产生，称为基本电磁功率；第二部分因凸极效应产生，称为附加电磁功率或磁阻功率。对于永磁同步电机，充分利用磁阻功率是提高电机功率密度和效率的有效途径。

电磁功率与功角的关系称为永磁同步电机的功角特性。

根据式(4-7)，编写绘制永磁同步电机功角特性的 MATLAB 程序如下。

程序	注释
Xd=1.2;	直轴同步电抗赋值
Xq=0.9;	交轴同步电抗赋值
U=230/3^0.5;	电机相电压赋值
E0=225.5;	空载反电动势赋值
xt=0:1:180;	定义功角范围
xt1=xt.*pi/180;	功角转换成弧度
Pem1=3*E0*U*sin(xt1)/Xd;	计算基本电磁功率
Pem2=3*U^2*(1/Xq-1/Xd)*sin(2*xt.*pi/180)/2;	计算磁阻功率
Pem3=Pem1+Pem2;	计算电机电磁功率
plot(xt,Pem1/1000,'--')	绘制基本电磁功率
hold on	保存图形
plot(xt,Pem2/1000,':')	绘制磁阻功率
hold on	保存图形
plot(xt,Pem3/1000)	绘制电机电磁功率
hold on	保存图形
x1=[0 180];	设置 x1 坐标值
y1=[0 0];	设置 y1 坐标值
plot(x1,y1)	绘制 x1 和 y1 直线
xlabel('功角/(°)')	设置横坐标轴名称
ylabel('功率/kW')	设置纵坐标轴名称
legend('基本电磁功率','磁阻功率','总电磁功率')	曲线标注

在 MATLAB 编辑器中输入这些程序，点击运行按钮，就会得到永磁同步电机的功角特性曲线，如图 4-3 所示。当功角为 24°时，基本电磁功率为 30.445kW，磁阻功率为 5.46kW，总电磁功率为 35.905kW。

电机的电磁功率除以机械角速度，得电机的电磁转矩为

$$T_e = \frac{P_e}{\Omega} = \frac{3pE_0 U}{\omega X_d} + \frac{3pU^2}{2\omega}\left(\frac{1}{X_d} - \frac{1}{X_q}\right) \tag{4-8}$$

式中，Ω 为电机的机械角速度；ω 为电机的电角速度；p 为电机的极对数。

永磁同步电机电磁转矩也分两部分：第一部分称为永磁转矩，第二部分称为磁阻转矩。

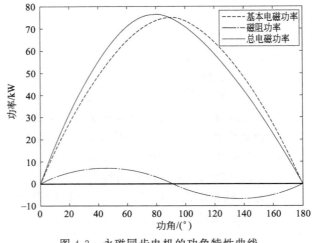

图 4-3 永磁同步电机的功角特性曲线

电磁转矩与功角的关系称为永磁同步电机的矩角特性。永磁同步电机的矩角特性和功角特性曲线的趋势是一致的。

2. 建立永磁同步电机数学模型

永磁同步电机的数学模型是研究其速度控制算法的基础和依据，其数学模型必须能够准确地反映出永磁同步电机的静态和动态特性，所以数学模型的好坏直接影响了控制的精度。由于永磁同步电机是一个复杂的系统，为了简化分析，在建立其数学模型之前，需要进行如下假设。

① 电机定子三相绕组在空间均匀分布，彼此相差 120°。
② 电机的参数不受外界环境的影响。
③ 电子各相绕组的自感和互感均不随电机的状态改变。
④ 转子磁链在气隙中以正弦的形式分布。
⑤ 定子三相绕组的各相参数完全相同。

永磁同步电机数学模型按照坐标系的不同可以分为三种：三相静止坐标系、两相静止坐标系和两相旋转坐标系。

(1) 三相静止坐标系下的永磁同步电机数学模型。三相静止坐标系下的永磁同步电机物理模型如图 4-4 所示。A、B、C 为三相定子绕组的轴线，彼此相差 120°；θ 为转子位置角，是转子 N 极轴线与定子 A 相绕组轴线之间的夹角。

根据基尔霍夫电压定律及法拉第电磁感应定律可得三相静止坐标系下的定子电压方程为

$$\begin{bmatrix} u_A \\ u_B \\ u_C \end{bmatrix} = \begin{bmatrix} R_s & 0 & 0 \\ 0 & R_s & 0 \\ 0 & 0 & R_s \end{bmatrix} \begin{bmatrix} i_A \\ i_B \\ i_C \end{bmatrix} + \frac{d}{dt} \begin{bmatrix} \Psi_A \\ \Psi_B \\ \Psi_C \end{bmatrix} \qquad (4-9)$$

式中，u_A、u_B、u_C 和 i_A、i_B、i_C 分别为定子 A、B、C 三相绕组的电压和电流；R_s 为电机定子电阻；Ψ_A、Ψ_B、Ψ_C 分别为定子 A、B、C 三相绕组的磁链。

电机在 A、B、C 三相静止坐标系下的磁链方程为

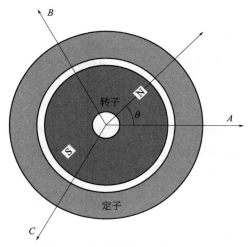

图 4-4 永磁同步电机物理模型

$$\begin{bmatrix} \Psi_A \\ \Psi_B \\ \Psi_C \end{bmatrix} = \begin{bmatrix} L_{AA}(\theta) & M_{AB}(\theta) & M_{AC}(\theta) \\ M_{BA}(\theta) & L_{BB}(\theta) & M_{BC}(\theta) \\ M_{CA}(\theta) & M_{CB}(\theta) & L_{CC}(\theta) \end{bmatrix} \begin{bmatrix} i_A \\ i_B \\ i_C \end{bmatrix} + \Psi_f \begin{bmatrix} \cos\theta \\ \cos(\theta - 2\pi/3) \\ \cos(\theta - 4\pi/3) \end{bmatrix} \quad (4\text{-}10)$$

式中，$L_{AA}(\theta)$、$L_{BB}(\theta)$、$L_{CC}(\theta)$ 分别为定子 A、B、C 三相绕组的自感；$M_{XY}(\theta)$ 为定子 X 相绕组对 Y 相绕组的互感；Ψ_f 为转子磁链的最大值。

三相静止坐标系下的永磁同步电机的电磁转矩方程为

$$T_e = -p\Psi_f [i_A \sin\theta + i_B \sin(\theta - 2\pi/3) + i_C \sin(\theta - 4\pi/3)] \quad (4\text{-}11)$$

永磁同步电机的运动方程为

$$T_e - T_L = J \frac{d\omega_m}{dt} \quad (4\text{-}12)$$

式中，T_L 为永磁同步电机的负载转矩；J 为永磁同步电机转子的转动惯量；ω_m 为永磁同步电机转子的机械角速度。

可以看出，三相静止坐标系下的永磁同步电机数学模型是非线性时变方程，此方式下分析和研究永磁同步电机是十分困难的，必须选择合适的数学模型以实施对电机的分析和控制。

（2）两相静止坐标系下的永磁同步电机数学模型。在三相静止坐标系下，永磁同步电机的电压方程中含有微分算子，分析模型时较为繁琐，为了简化模型，建立如图 4-5 所示的两相静止坐标系。两相静止坐标系中的 α 轴与定子 A 相绕组的轴线重合；α 轴逆时针旋转 90°空间电角度得到 β 轴。

将三相静止坐标系下的电压方程经过变换得到两相静止坐标系下的电压方程，即

$$\begin{bmatrix} u_\alpha \\ u_\beta \end{bmatrix} = \begin{bmatrix} R_s & 0 \\ 0 & R_s \end{bmatrix} \begin{bmatrix} i_\alpha \\ i_\beta \end{bmatrix} + \frac{d}{dt} \begin{bmatrix} \Psi_\alpha \\ \Psi_\beta \end{bmatrix} \quad (4\text{-}13)$$

式中，u_α、u_β 和 i_α、i_β 分别为定子 α 轴和 β 轴的电压和电流；Ψ_α、Ψ_β 分别为定子 α 轴和 β 轴的磁链。

磁链方程为

$$\begin{bmatrix} \Psi_\alpha \\ \Psi_\beta \end{bmatrix} = \begin{bmatrix} L_d\cos^2\theta + L_q\sin^2\theta & (L_d - L_q)\sin\theta\cos\theta \\ (L_d - L_q)\sin\theta\cos\theta & L_d\cos^2\theta + L_q\sin^2\theta \end{bmatrix} \begin{bmatrix} i_\alpha \\ i_\beta \end{bmatrix} + \Psi_f \begin{bmatrix} \cos\theta \\ \sin\theta \end{bmatrix} \quad (4-14)$$

式中，L_d 和 L_q 分别为电机直轴和交轴电感。

转矩方程为

$$T_e = \frac{3}{2} p (\Psi_\alpha i_\beta - \Psi_\beta i_\alpha) \quad (4-15)$$

（3）两相旋转坐标系下的永磁同步电机数学模型。d-q 坐标系是旋转坐标系，随电机磁场的旋转而转动，其中 d 轴称为直轴，直轴方向永远是永磁同步电机转子励磁磁链的方向；q 轴称为交轴，q 轴超前 d 轴 90°，如图 4-6 所示。

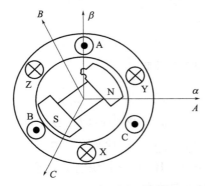
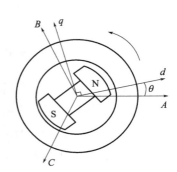

图 4-5 三相静止坐标系和两相静止坐标系　　图 4-6 两相旋转坐标系

两相旋转坐标系下的永磁同步电机的定子电压方程为

$$\begin{bmatrix} u_d \\ u_q \end{bmatrix} = \begin{bmatrix} R_s & 0 \\ 0 & R_s \end{bmatrix} \begin{bmatrix} i_d \\ i_q \end{bmatrix} + \begin{bmatrix} 0 & -\omega_e \\ \omega_e & 0 \end{bmatrix} \begin{bmatrix} \Psi_d \\ \Psi_q \end{bmatrix} + \frac{d}{dt} \begin{bmatrix} \Psi_d \\ \Psi_q \end{bmatrix} \quad (4-16)$$

式中，u_d、u_q 和 i_d、i_q 分别为定子电压和电流在 d 轴和 q 轴的分量；Ψ_d、Ψ_q 分别为定子磁链在 d 轴和 q 轴的分量；ω_e 为转子电角速度。

磁链方程为

$$\begin{bmatrix} \Psi_\alpha \\ \Psi_\beta \end{bmatrix} = \begin{bmatrix} L_d & 0 \\ 0 & L_q \end{bmatrix} \begin{bmatrix} i_\alpha \\ i_\beta \end{bmatrix} + \Psi_f \begin{bmatrix} 1 \\ 0 \end{bmatrix} \quad (4-17)$$

电磁转矩方程为

$$T_e = p(\Psi_d i_q - \Psi_q i_d) \quad (4-18)$$

将式(4-17)代入式(4-18)得

$$T_e = \frac{3}{2} p [\Psi_f i_q + (L_d - L_q) i_d i_q] \quad (4-19)$$

对于隐极式永磁同步电机，有 $L_d = L_q$，则

$$T_e = \frac{3}{2} p \Psi_f i_q \quad (4-20)$$

永磁同步电机的运动方程为

$$T_e - T_L = J \frac{d\omega_m}{dt} + B\omega_m \quad (4-21)$$

式中，B 为电机阻尼系数。

（4）坐标变换。为了简化永磁同步电机的数学模型，需要对三种坐标系进行坐标变换。坐标变换的基本思想就是根据矢量旋转理论，将三相静止坐标系下的交流信号变换成两相旋转坐标系下的直流信号。坐标变换原理如图 4-7 所示。

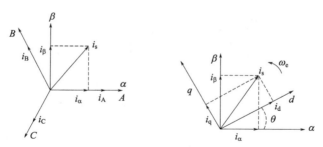

图 4-7　坐标变换原理

三相静止坐标系到两相静止坐标系的 Clark 变换为

$$\begin{bmatrix} i_\alpha \\ i_\beta \end{bmatrix} = \sqrt{\frac{2}{3}} \begin{bmatrix} 1 & -\frac{1}{2} & -\frac{1}{2} \\ 0 & \frac{\sqrt{3}}{2} & -\frac{\sqrt{3}}{2} \end{bmatrix} \begin{bmatrix} i_A \\ i_B \\ i_C \end{bmatrix} \tag{4-22}$$

Clark 逆变换为

$$\begin{bmatrix} i_A \\ i_B \\ i_C \end{bmatrix} = \sqrt{\frac{2}{3}} \begin{bmatrix} 1 & 0 \\ -\frac{1}{2} & \frac{\sqrt{3}}{2} \\ -\frac{1}{2} & -\frac{\sqrt{3}}{2} \end{bmatrix} \begin{bmatrix} i_\alpha \\ i_\beta \end{bmatrix} \tag{4-23}$$

两相静止坐标系变换到两相旋转坐标系的 Park 变换为

$$\begin{bmatrix} i_d \\ i_q \end{bmatrix} = \begin{bmatrix} \cos\theta & \sin\theta \\ -\sin\theta & \cos\theta \end{bmatrix} \begin{bmatrix} i_\alpha \\ i_\beta \end{bmatrix} \tag{4-24}$$

Park 逆变换为

$$\begin{bmatrix} i_\alpha \\ i_\beta \end{bmatrix} = \begin{bmatrix} \cos\theta & -\sin\theta \\ \sin\theta & \cos\theta \end{bmatrix} \begin{bmatrix} i_d \\ i_q \end{bmatrix} \tag{4-25}$$

三相静止坐标系变换到两相旋转坐标系的电流方程为

$$\begin{bmatrix} i_d \\ i_q \end{bmatrix} = \sqrt{\frac{2}{3}} \begin{bmatrix} \cos\theta & \cos\left(\theta-\frac{2\pi}{3}\right) & \cos\left(\theta+\frac{2\pi}{3}\right) \\ -\sin\theta & -\sin\left(\theta-\frac{2\pi}{3}\right) & -\sin\left(\theta+\frac{2\pi}{3}\right) \end{bmatrix} \begin{bmatrix} i_A \\ i_B \\ i_C \end{bmatrix} \tag{4-26}$$

3. 建立永磁同步电机矢量控制仿真模型

矢量控制是将交流电机的定子电流作为矢量，经坐标变换分解成与直流电机的励磁电流和电枢电流相对应的独立控制电流分量，以实现电机转速或转矩控制的方式。

永磁同步电机矢量控制策略主要有磁场定向控制和弱磁控制等。

（1）磁场定向控制。采用磁场定向控制，直轴电流 $i_d = 0$，电机的电磁转矩是交轴电流 i_q 的函数，只需要控制 i_q 的大小便可以实现对电机转速的控制。

永磁同步电机磁场定向控制原理如图 4-8 所示。

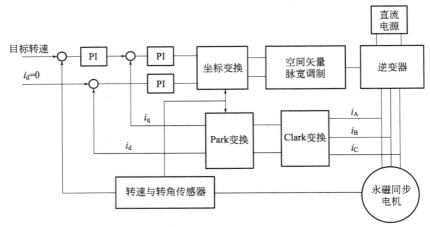

图 4-8　永磁同步电机磁场定向控制原理

永磁同步电机磁场定向控制仿真模型如图 4-9 所示，主要包括永磁同步电机模块、三相逆变器模块、速度和电流的 PI 调节模块、坐标变换模块、参考空间电压矢量的生成模块及 SVPWM 仿真模块等。

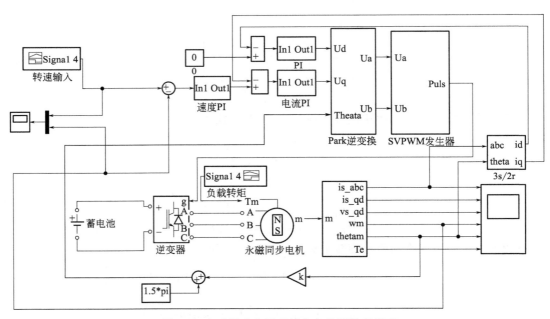

图 4-9　永磁同步电机磁场定向控制仿真模型

（2）弱磁控制。永磁同步电机弱磁控制就是当电压达到逆变器所能输出的电压极限后，希望继续提高转速，需要采用弱磁增速的方法。永磁同步电机通过调节定子电流 i_d 和 i_q，增加定子直轴去磁电流分量实现弱磁增速。为保证电机电枢电流幅值不超过极限值，交轴电流 i_q 应随之减小，因此这种弱磁控制过程本质上就是在保持电机端电压不变的情况下减小输出转矩的过程。永磁同步电机直轴电枢反应比较微弱，因此需要较大的去磁电流才能起到弱磁增速的作用。

永磁同步电机弱磁控制原理如图 4-10 所示。

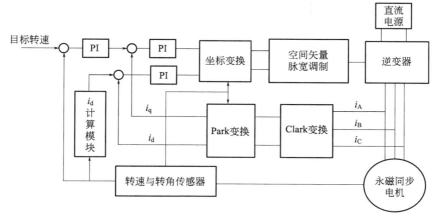

图 4-10 永磁同步电机弱磁控制原理

永磁同步电机弱磁控制仿真模型如图 4-11 所示。

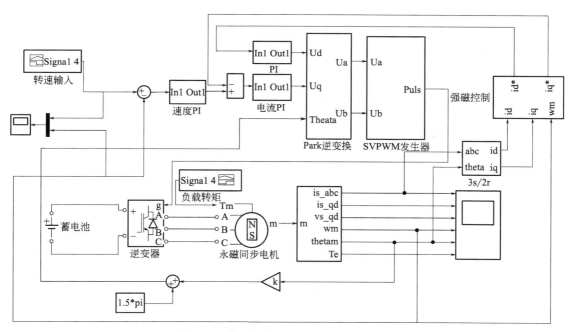

图 4-11 永磁同步电机弱磁控制仿真模型

两种控制仿真模型的主要模块是相同的，不同的是弱磁控制仿真模型加入了直轴电流的计算模块。其中，永磁同步电机与逆变器模块采用了 Sim Power System 库中的永磁同步电机与逆变器模型。永磁同步电机模型包括三相电流和负载转矩的输入端口，电机本身的电阻、电感等参数都可以根据实际电机参数进行修改，电机转速、转矩、三相电流和转子角度都可以通过电机测量模块得到。

坐标变换模块通过 Park 逆变换，将由速度 PI 调节器得到的给定直轴与交轴电流转化为空间脉冲调制所需的空间参考电压矢量，如图 4-12 所示。

电机转矩和三相电流波形分别如图 4-18 和图 4-19 所示，0.1s 时，随着电机加速，电机提供的转矩也逐步增大，相应地三相电流幅值也逐步增加。由于转速增加，三相电流的频率也逐步升高。0.4s 后，负载转矩突然由 80N·m 增加到 120N·m，相应地三相电流的幅值也由 70A 增加到 110A 左右。

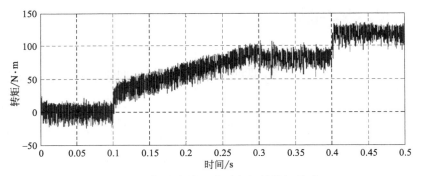

图 4-18 加速爬坡工况下电机的转矩波形

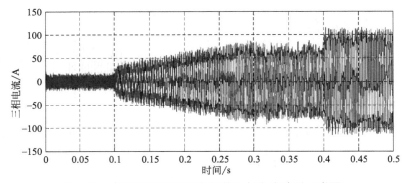

图 4-19 加速爬坡工况下电机的三相电流波形（彩图）

可以看出，控制系统响应较快，在 50N·m 的负载转矩下可以平稳启动，加速和爬坡过程中转矩、转速都较平稳，没有出现明显振荡。速度增加时，三相电流频率变快，负载转矩变大时，电流幅值变大，变化趋势均与实际相符。

永磁同步电机弱磁控制原理如图 4-10 所示。

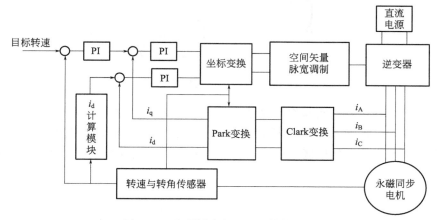

图 4-10　永磁同步电机弱磁控制原理

永磁同步电机弱磁控制仿真模型如图 4-11 所示。

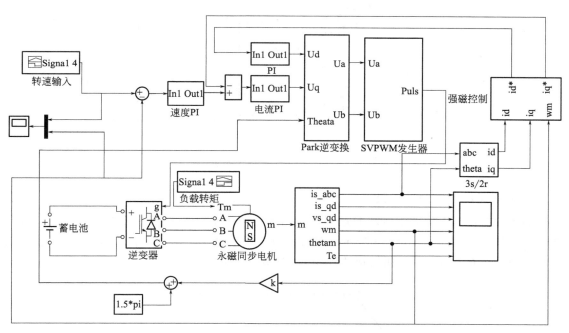

图 4-11　永磁同步电机弱磁控制仿真模型

两种控制仿真模型的主要模块是相同的，不同的是弱磁控制仿真模型加入了直轴电流的计算模块。其中，永磁同步电机与逆变器模块采用了 Sim Power System 库中的永磁同步电机与逆变器模型。永磁同步电机模型包括三相电流和负载转矩的输入端口，电机本身的电阻、电感等参数都可以根据实际电机参数进行修改，电机转速、转矩、三相电流和转子角度都可以通过电机测量模块得到。

坐标变换模块通过 Park 逆变换，将由速度 PI 调节器得到的给定直轴与交轴电流转化为空间脉冲调制所需的空间参考电压矢量，如图 4-12 所示。

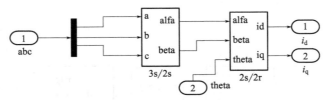

图 4-12　坐标变换模块

SVPWM 仿真模块是空间脉宽调制的主要实现模块，根据给定的空间参考电压矢量生成所需的逆变器 PWM 驱动信号，控制逆变器产生的三相电流，从而实现对电机的控制。SVPWM 仿真模块主要包括扇区判断模块、电压矢量切换点计算模块、生成 PWM 模块等，如图 4-13 所示。

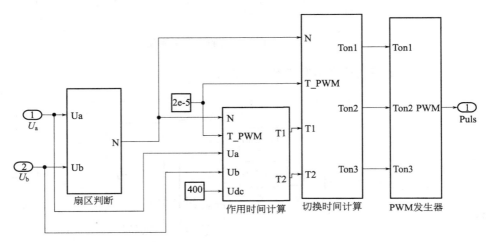

图 4-13　SVPWM 仿真模块

4. 永磁同步电机性能仿真

为了模拟汽车在负载下启动的过程，设定永磁同步电机在 50N·m 恒定不变的负载转矩下，由静止启动加速度到 3000r/min 时电机的转速波形如图 4-14 所示，汽车由静止开始平稳加速，约在 0.06s 后电机转速达到 3000r/min，其后保持稳定。

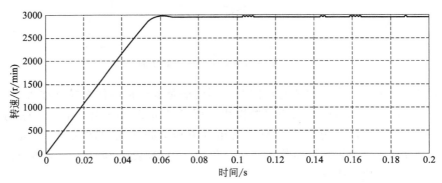

图 4-14　负载启动工况下电机的转速波形

电机转矩和三相电流波形分别如图 4-15 与图 4-16 所示，加速过程中，电机平均转矩约为 120N·m，相应的三相电流幅值在 100A 左右，转矩波动较大。0.06s 后，随着电机转速达到预期转速，电机转矩也稳定在 50N·m 左右，三相电流幅值在 45A 左右，此时电机转矩波动较小。

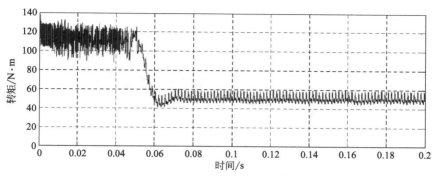

图 4-15 负载启动工况下电机的转矩波形

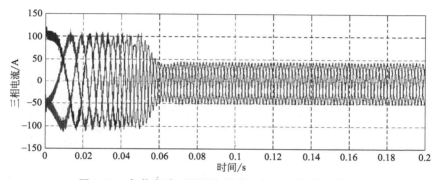

图 4-16 负载启动工况下电机的三相电流波形（彩图）

为模拟电动汽车加速的过程，在电机转速由 1000r/min 增加到 2500r/min 时，负载转矩逐渐由 50N·m 增加到 80N·m，持续运行一段时间后永磁同步电机转矩由 80N·m 突然增加到 120N·m，模拟了电动汽车的爬坡的过程。

电机在汽车加速爬坡的整个过程中转速波形如图 4-17 所示，电机初始转速为 1000r/min，由 0.1s 开始平稳加速，0.3s 时达到 2500r/min 并保持不变，0.4s 时由于负载转矩增加，电机转速逐步下降。

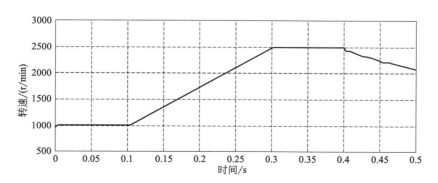

图 4-17 加速爬坡工况下电机的转速波形

43

电机转矩和三相电流波形分别如图 4-18 和图 4-19 所示，0.1s 时，随着电机加速，电机提供的转矩也逐步增大，相应地三相电流幅值也逐步增加。由于转速增加，三相电流的频率也逐步升高。0.4s 后，负载转矩突然由 80N·m 增加到 120N·m，相应地三相电流的幅值也由 70A 增加到 110A 左右。

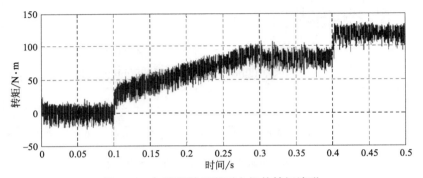

图 4-18 加速爬坡工况下电机的转矩波形

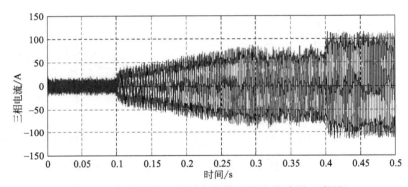

图 4-19 加速爬坡工况下电机的三相电流波形（彩图）

可以看出，控制系统响应较快，在 50N·m 的负载转矩下可以平稳启动，加速和爬坡过程中转矩、转速都较平稳，没有出现明显振荡。速度增加时，三相电流频率变快，负载转矩变大时，电流幅值变大，变化趋势均与实际相符。

实例 五

基于实验的电动汽车动力电池SOC仿真

SOC（荷电状态）是指动力电池按照规定放电条件可以释放的容量占可用容量的百分比，电池管理系统中许多功能都依赖于 SOC 的精确估算。因此，对动力电池 SOC 进行精确估算是充分、合理利用动力电池的关键，也是建立良好的动力电池管理系统的前提。

任务描述

主要任务:
1. 分析动力电池 SOC 估算方法
2. 建立安时-开路电压补偿法的数学模型
3. 基于安时-开路电压补偿法对动力电池 SOC 仿真

任务实施过程

1. 分析动力电池 SOC 估算方法

动力电池 SOC 值不是一个可以直接测量获得的值，而是需要通过电压、电流、温度等状态量的实时测量值再通过设计的算法来进行间接估算。动力电池 SOC 估算方法主要有开路电压法、内阻法、安时法、负载电压法、卡尔曼滤波法、模糊推理法和神经网络法等。

（1）开路电压法。开路电压是指动力电池在开路状态下的电池端电压，即电池不工作时的端电压。开路电压与 SOC 值在一定条件下呈比例关系。开路电压法就是通过实验得出的比例关系来估算 SOC 值。开路电压法对 SOC 值的估算精度高，且简单易行，但是缺点也很明显，只能准确估算电池静置 0.5~1.5h 之后的 SOC 值，所以一般不在电池管理系统中单独应用，而常常用来补充其他算法。

（2）内阻法。电池的内阻和剩余电量之间也存在一定的数学关系，在充电过程中，随着电池电量的增加，电池内阻也会增大；在放电过程中，电池内阻会随着电量降低而减小。通过观测电池内阻的值来估算当前电池的 SOC 值的方法就是内阻法。内阻法虽然没有电池必须静置一段时间之后才能准确估算 SOC 值的限制，但是电池内部结构十分复杂，很难进行准确的测量，所以内阻法的应用就受到了限制，例如对于一些外界工作环境很复杂的情况就无法应用，在电动汽车的电池管理系统中一般不使用内阻法。

（3）安时法。此法就是把电流对时间进行积分，对电池容量的改变进行检测，继而对 SOC 值进行估算的一种方法。电流在时间上的积分实际上就是充入或放出的电量，如果把电池视为一个封闭的系统，只需要累积计算进出电池的电量，然后把计算结果与电池满电状态电量相比较，就能获得电池具有的剩余电量。因为大部分外界条件都不会对其造成影响，故安时法易于实现。

（4）负载电压法。当电池从静置状态转为放电状态时，测量到的电池端电压就会变为负载电压。当电池的放电电流恒定时，SOC 值同电池负载电压之间的数学关系很大程度上类似于 SOC 值同电池开路电压之间的数学关系。负载电压法的优点很多，例如恒流放电时估算精度很高，克服了开路电压法只能静置测量的缺点，可以对电池组的 SOC 值进行实时估算。但是由于电动汽车在运行时工况复杂，电池不可能长期处于恒流放电的工况，因此在电动汽车上，一般都不会把负载电压法作为主要算法来使用，负载电压法通常用来判断是否结束对电池的充放电。

（5）卡尔曼滤波法。此法解决了一个古老的问题：怎样从不准确的数据中得到准确的信息，更确切地说，也就是当输入的数据不准确时，如何选取一个最好的数据作为输入系统的最新状态量来更新系统数据。这种方法非常适合于电动汽车，动力电池的 SOC 值受到多种因素的影响，并且会随着用户驾驶模式的改变而不断发生变化。卡尔曼滤波的目的是从数据流中去除噪声干扰，预测新的状态及其不确定性，然后用新的测量值校准预测值来实现 SOC 估算。理论上卡尔曼滤波法能够在估算过程中保持非常高的精度，而且可以很有效地修正误差。卡尔曼滤波法的缺点是需要进行大量的运算和具备准确的电池数学模型来确保 SOC 估算的精确性。

（6）模糊推理法和神经网络法。这两种方法都属于人工智能领域，是发展出来的两个分支。神经网络是一种模拟人脑神经元系统的互联模式而建模的计算机体系结构,它能模仿人脑信息处理、记忆和学习的过程,然后产生一个具有自动识别能力的系统。使用神经网络法进行 SOC 估算实际上就是通过大量的数据训练分析当前的 SOC 值。模糊推理法是从含糊、模棱两可或者不精确的信息中提炼出确切结论的简单的方法,与神经网络法相结合可以较为准确地估算 SOC 值。由于很多因素都会对电池的剩余电量产生影响,导致对估算电池剩余电量建立的数学模型非常庞大复杂,因此神经网络法及模糊逻辑推理越来越受到重视,正日益成为研究热点。

以上介绍的 SOC 估算方法主要应用于估算单体电池的 SOC 值,但是在实际应用过程中,电池组是由多个单体电池串联或并联组成的,单体电池在受到电池本身不利因素影响的同时,也会受到外界环境条件变化的影响和电池组充放电过程中的不一致性的影响,从而导致实时估算电池的 SOC 值变得更加困难。所以,通常在估算电池 SOC 值时,并不会只使用一种方法,通常是同时使用 2~3 种基本的 SOC 估算方法,结合不同估算方法的优点,通过互补来弥补单独一种估算方法的缺点,这样估算出的 SOC 值往往更为准确。

2. 建立安时-开路电压补偿法的数学模型

安时-开路电压补偿法是以安时法为主,开路电压法为辅。因为安时法简单稳定、不易受到电池本身影响的优点使其适用于大多数电池,并且实时测量时可达到较高的精度,只需观测系统的外部特性,而不需分析电池内部复杂反应。而开路电压法的优点是对于电池静置状态下的 SOC 值估算非常精确,很好地弥补了安时法对估算初值要求高的缺点,因此安时-开路电压法是优于两者单独估算的一种方法,只要对影响安时法估算的各项因素提出补偿方法,就可以保证很高的估算精度。

(1) SOC 初值的估算。SOC 初值估算的精度很大程度上影响了实时 SOC 值估算的准确程度,由于安时法无法消除初值误差,因此,使用开路电压法进行 SOC 初值的估算。因为电池两端电动势等于电池的开路电压,所以每次电动汽车启动时都对电池两端电动势进行测量,然后通过实验得出的开路电压与电池电量的数学关系式即可估算出初始 SOC 值。电动汽车在启动前动力电池处于静置状态,所以通过这种方法估算出的动力电池剩余电量的精度很高,非常有效地解决了安时法无法准确估算电池 SOC 初值的问题。

(2) 考虑充放电倍率的补偿方法。1898 年 Peukert 就找到了放电电量同放电电流两者间的经验公式,现今已经推广使用,利用经验公式来补偿电池运行时电流剧烈波动导致的实际容量。Peukert 提出的经验公式为

$$I^n t = K \tag{5-1}$$

式中,I 为放电电流;t 为放电时间;n 为电池类型常数;K 为活性物质常数。

只要实验测出电池在两种不同的放电电流 I_1 和 I_2 的放电时间 t_1 和 t_2,就可以用解联立方程的方法求出常数 n 和 K 的值。求解 n 和 K 的方程分别为

$$n = \frac{\lg t_2 - \lg t_1}{\lg I_1 - \lg I_2} \tag{5-2}$$

$$\lg K = n \lg I_1 + \lg t_1 \tag{5-3}$$

对式(5-1)两边进行变换可以得到电池容量 C_t 为

$$C_t = It = I^{1-n} K \tag{5-4}$$

设最佳放电电流为 I_0，以电流 I 放电的电池容量为 C_I，则

$$C_N = I_0^{1-n} K$$
$$C_I = I^{1-n} K \tag{5-5}$$

式中，C_N 为以电流 I_0 放电的电池容量。

将式(5-5)中的 C_I 除以 C_N 即得充放电倍率补偿系数 η_1 为

$$\eta_1 = \frac{C_I}{C_N} = \left(\frac{I}{I_0}\right)^{1-n} \tag{5-6}$$

考虑充放电倍率对 SOC 值的补偿公式为

$$SOC = SOC_0 - \frac{1}{C_N}\int_{t_0}^{t_1} \eta_1 I \, dt \tag{5-7}$$

式中，SOC_0 为初始 SOC 值。

(3) 考虑温度的补偿方法。目前温度补偿系数 η_2 常用的公式为

$$\eta_2 = 1 - 0.008|T_B - T| \tag{5-8}$$

式中，T_B 为标准温度 20℃；T 为设定温度。

考虑温度对 SOC 值的补偿公式为

$$C_T = \eta_2 C_B \tag{5-9}$$

式中，C_T 为温度 T 时的电池容量；C_B 为温度 20℃时的电池容量。

(4) 考虑电池老化的补偿方法。把电池老化的过程利用线性方法来表述，设电池老化补偿系数为 η_3，则考虑电池老化对 SOC 值的补偿公式为

$$C_2 = \eta_3 C_N \tag{5-10}$$

式中，C_2 为循环充放电后电池容量衰减后的总容量。

考虑各种影响 SOC 估算精度的因素补偿后，安时-开路电压法估算的电池 SOC 值为

$$SOC = SOC_0 - \frac{1}{C_N}\int_{t_0}^{t_1} \eta_1 \eta_2 \eta_3 I \, dt \tag{5-11}$$

3. 基于安时-开路电压补偿法对动力电池 SOC 仿真

由于放电电流、温度和电池老化程度对安时-开路电压法的估算精度影响较大，所以通过补偿之后的估算结果更加精确。在理论基础上，通过实验完成对安时-开路电压法的补偿建模。由于实验条件的限制，无法进行温度补偿实验，所以采用式(5-8)进行温度补偿。

由于电池管理系统估算的是电池组的剩余电量，所以使用电压为 48V、最大放电电流为 3.6A 的电池组进行实验。

(1) 基于开路电压的补偿。电池静置时的开路电压与电池两端的电动势在数值上是相等的，实验采用恒流放电法，通过测量电池经过静置后开路电压的值，得出的不同开路电压与 SOC 值的对应关系见表 5-1。

表 5-1 电池开路电压与 SOC 值的对应关系

SOC 值	0.1	0.2	0.3	0.4	0.5	0.6	0.7	0.8	0.9	1.0
开路电压/V	26.6	28.13	29.53	31.2	33.28	35.73	38.27	40.87	43.6	46.87

利用表 5-1 中的开路电压与 SOC 值，编写电池 SOC 值与开路电压关系曲线拟合的 MATLAB 程序如下。

程序	注释
u=[26.6,28.13,29.53,31.2,33.28,35.73,38.27,40.87,43.6,46.87]; SOC=[0.1,0.2,0.3,0.4,0.5,0.6,0.7,0.8,0.9,1.0]; cftool	电压赋值 SOC 赋值 调用曲线拟合工具箱

在 MATLAB 命令行窗口输入这些程序，进入曲线拟合工具箱界面"Curve Fitting Tool"；利用"X data"和"Y data"下拉菜单读入开路电压 u 和 SOC 数据；选择多项式函数"Polynomial"，再选择拟合阶数"2"；自动拟合，就会在结果窗口和曲线窗口显示出拟合结果，如图 5-1 所示。

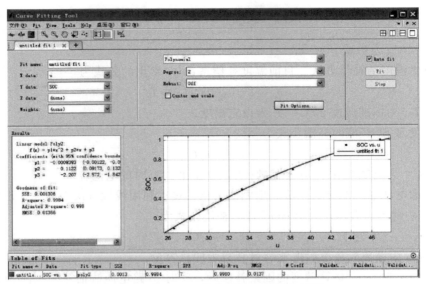

图 5-1 电池 SOC 值与开路电压拟合界面

根据图 5-1 中的结果窗口，可以得到电池 SOC 值与开路电压的关系为

$$SOC = -9.393 \times 10^{-4} u^2 + 0.1122u - 2.207 \tag{5-12}$$

其中误差平方和为 0.001306；复相关系数为 0.9984；均方根误差为 0.01366。

根据式(5-12)，编写绘制电池 SOC 值与开路电压关系曲线的 MATLAB 程序如下。

程序	注释
u=25:1:50; SOC=-(9.393e-4)*u.^2+0.1122*u-2.207; plot(u,SOC) xlabel('开路电压/V') ylabel('SOC 值')	定义开路电压范围 计算 SOC 值 绘制电池 SOC 值与开路电压曲线 x 轴标注 y 轴标注

在 MATLAB 编辑器中输入这些程序，点击运行按钮，就会得到电池 SOC 值与开路电压拟合曲线，如图 5-2 所示。可以看出，开路电压越大，SOC 值越大。

（2）基于充放电倍率的补偿。实验采用 7 种不同的放电倍率对电池进行恒流放电，放电截止电压设置为 0.1V，通过 LAND 软件统计各种放电倍率下电池所能放出的电量，结果见表 5-2。

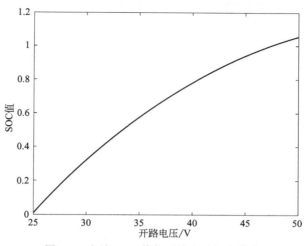

图 5-2　电池 SOC 值与开路电压拟合曲线

表 5-2　电池容量与放电电流的对应关系

电池容量/A·h	1.232	1.128	0.921	0.789	0.659	0.552	0.143
放电电流/A	0.12	0.24	0.48	0.72	0.96	1.2	2.4

利用表 5-2 中的电池容量与放电电流数据，编写电池容量与放电电流关系曲线拟合的 MATLAB 程序如下。

程序	注释
I=[0.12,0.24,0.48,0.72,0.96,1.2,2.4]; C=[1.232,1.128,0.921,0.789,0.659,0.552,0.143]; cftool	电流赋值 容量赋值 调用曲线拟合工具箱

在 MATLAB 命令行窗口输入这些程序，进入曲线拟合工具箱界面 "Curve Fitting Tool"；利用 "X data" 和 "Y data" 下拉菜单读入电流 I 和容量数据 C；选择多项式函数 "Polynomial"，再选择拟合阶数 "3"；自动拟合，就会在结果窗口和曲线窗口显示出拟合结果，如图 5-3 所示。

根据图 5-3 中的结果窗口，可以得到电池容量与放电电流的关系为

$$C = -0.08296I^3 + 0.433I^2 - 1.066I + 1.355 \tag{5-13}$$

其中误差平方和为 0.0002744；复相关系数为 0.9997；均方根误差为 0.009564。

根据式(5-13)，编写绘制电池容量与放电电流关系曲线的 MATLAB 程序如下。

程序	注释
I=0:0.1:2.5; C=-0.08296*I.^3+0.433*I.^2-1.066*I+1.355; plot(I,C) xlabel('电流/A') ylabel('容量/A.h')	定义电流范围 计算电池容量 绘制电池容量与放电电流曲线 x 轴标注 y 轴标注

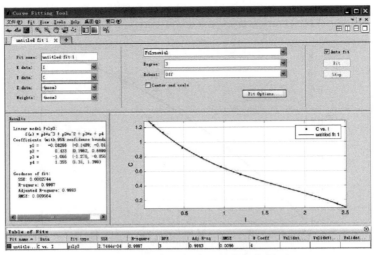

图 5-3 电池容量与放电电流拟合界面

在 MATLAB 编辑器中输入这些程序，点击运行按钮，就会得到电池容量与放电电流拟合曲线，如图 5-4 所示。可以看出，放电电流越大，电池容量越小。

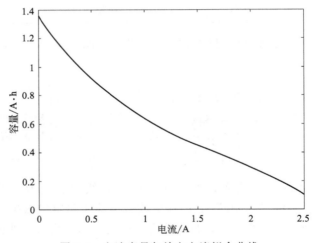

图 5-4 电池容量与放电电流拟合曲线

假设电池标称容量 $C_N=1.2\mathrm{A\cdot h}$，根据式(5-6)可以得出充放电倍率补偿系数 η_1 与放电电流 I 的关系为

$$\eta_1 = -0.06913I^3 + 0.3608I^2 - 0.888I + 1.129 \tag{5-14}$$

(3) 基于电池老化的补偿。实验在不同循环次数时使电池处于满电状态下静置 1.5h，对通过 LAND 软件获得的实验数据进行分析处理，得到的实验数据见表 5-3。

表 5-3 不同循环次数与 SOC 值的对应关系

循环次数	10	15	20	25	30	35	40
SOC 值	0.9997	0.9996	0.9995	0.9994	0.9992	0.9990	0.9987
循环次数	45	50	55	60	65	70	75
SOC 值	0.9984	0.9980	0.9976	0.9972	0.9967	0.9962	0.9956

利用表 5-3 中的电池循环次数与 SOC 值，编写电池 SOC 值与循环次数关系曲线拟合的 MATLAB 程序如下。

程序	注释
n=[10,15,20,25,30,35,40,45,50,55,60,65,70,75]; SOC = [0.9997, 0.9996, 0.9995, 0.9994, 0.9992, 0.999, 0.9987, 0.9984, 0.998, 0.9976, 0.9972, 0.9967, 0.9962, 0.9956]; cftool	循环次数赋值 SOC 赋值 调用曲线拟合工具箱

在 MATLAB 命令行窗口输入这些程序，进入曲线拟合工具箱界面 "Curve Fitting Tool"；利用 "X data" 和 "Y data" 下拉菜单读入循环次数 n 和 SOC 数据；选择多项式函数 "Polynomial"，再选择拟合阶数 "3"；自动拟合，就会在结果窗口和曲线窗口显示出拟合结果，如图 5-5 所示。

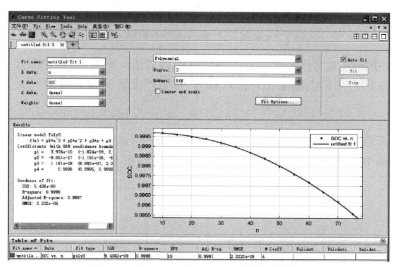

图 5-5 电池 SOC 值与循环次数拟合界面

根据图 5-5 中的结果窗口，可以得到电池 SOC 值与循环次数的关系为

$$SOC = 3.976 \times 10^{-10} n^3 - 9.051 \times 10^{-7} n^2 + 1.181 \times 10^{-5} n + 0.9996 \quad (5\text{-}15)$$

其中误差平方和为 5.438×10^{-9}；复相关系数为 0.9998；均方根误差为 2.332×10^{-5}。

根据式(5-15)，编写绘制电池 SOC 值与循环次数关系曲线的 MATLAB 程序如下。

程序	注释
n=10:1:80; SOC=(3.976e-10)*n.^3-(9.051e-7)*n.^2+(1.181e-5)*n+0.9996; plot(n,SOC) xlabel('循环次数') ylabel('SOC 值')	定义循环次数范围 计算电池 SOC 值 绘制电池 SOC 值与循环次数拟合曲线 x 轴标注 y 轴标注

在 MATLAB 编辑器中输入这些程序，点击运行按钮，就会得到电池 SOC 值与循环次数拟合曲线，如图 5-6 所示。可以看出，循环次数越多，SOC 值越小。

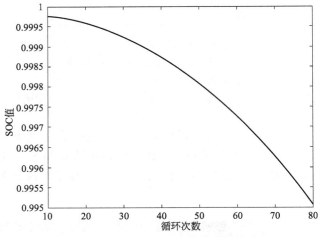

图 5-6　电池 SOC 值与循环次数拟合曲线

由于表 5-3 中的实验结果为电池处于满电状态时的值，所有 SOC=C_2/C_N，由于 C_N 为定值，又由式(5-10)可得电池老化补偿系数 η_3 与循环次数 n 的关系为

$$\eta_3 = 3.976 \times 10^{-10} n^3 - 9.051 \times 10^{-7} n^2 + 1.181 \times 10^{-5} n + 0.9996 \tag{5-16}$$

(4) 安时-开路电压法仿真。通过实验获得的数据进行仿真，对比实验结果和仿真结果，以验证安时-开路电压法的精确性。实验放电电流曲线如图 5-7 所示。

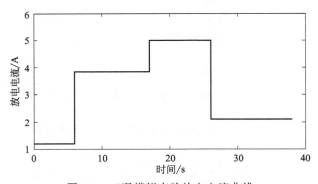

图 5-7　工况模拟实验放电电流曲线

工况模拟实验采用 4 段恒流放电，记录放电电流和放电量。实验温度为 30℃，实验时电池是第 75 次循环。

根据安时-开路电压法对放电倍率、温度和循环次数的补偿结果，在 Simulink 里建立的 SOC 估算仿真模型，如图 5-8 所示。

工况仿真结果与实验结果的对比如图 5-9 所示。

可以看出，安时-开路电压法对 SOC 初值估算得非常准确，由于实验是在恒温条件下恒流放电，故通过补偿之后得出的 SOC 估算值的误差非常小，且电动汽车每次启动时就会进行 SOC 初值估算，能够有效消除上一次电动汽车运行时产生的累积误差。

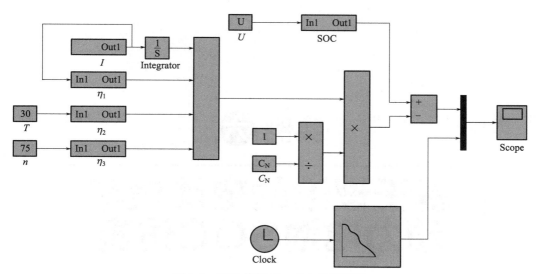

图 5-8　SOC 估算 Simulink 仿真模型

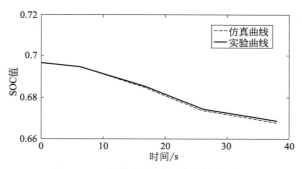

图 5-9　工况仿真结果与实验结果对比

实例 六

基于理论的电动汽车动力电池SOC仿真

通过建立电动汽车动力电池 SOC 估算理论模型，对动力电池 SOC 进行仿真是最常用的研究方法，在实际中应用广泛。

任务描述

主要任务:
1. 建立电动汽车电池等效数学模型和仿真模型
2. 建立电池参数辨识的数学模型和仿真模型
3. 建立电池 SOC 估算的数学模型
4. 利用 Simulink 绘制电池电压拟合曲线
5. 利用 Simulink 绘制电池 SOC 估算曲线

基于理论的电动汽车动力电池 SOC 仿真所需参数见表 6-1。

表 6-1 基于理论的电动汽车动力电池 SOC 仿真所需参数

容量/A·h	下截止电压/V	额定电压/V	上截止电压/V
8	2.5	3.7	4.2

任务实施过程

1. 建立电动汽车电池等效数学模型和仿真模型

电池是电池管理系统中的主体,不管应用何种方法进行 SOC 估算,必须搭建合理的电池模型。电池模型一般用等效电路模型搭建。等效电路模型是通过使用电压源、电阻、电容等常用器件组成的等效电路来模拟电池的外特性,模型直观,易于理解。如果对模型参数辨识准确,能够达到较高的精度,是一种较为理想的电池外特性模型。电池等效电路模型主要有 Rint 模型、Thevenin 模型、PNGV 模型等,如图 6-1 所示。

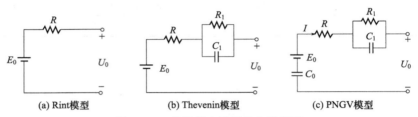

(a) Rint 模型　　　　(b) Thevenin 模型　　　　(c) PNGV 模型

图 6-1　三种常见电池等效电路模型

（1）Rint 模型。该模型是最简单的电池等效电路模型,仅由电池电动势 E_0、电阻 R 和端电压 U_0 组成,如图 6-1(a) 所示。该模型简单易懂,电阻 R 在电池充满的状态下通过开路电压和电流便可计算得到。由于该模型没有考虑电池的极化特性,忽略了很多因素,如 SOC、温度等的影响,因此,模型精度较低。

（2）Thevenin 模型。该模型是在 Rint 模型的基础上加入了一阶 RC 网络来描述电池的极化特性,如图 6-1(b) 所示。若温度一定,电池电动势 E_0 与 SOC 有固定的映射关系;R_1 与 C_1 组成一阶 RC 网络来描述电池的极化效应,R_1 表示极化内阻,C_1 表示极化电容。该模型可近似表示电池在有无负载时端电压的变化情况,在恒流充放电的情况下精度较高。但模型中的参数值受电池 SOC、充放电速率及循环寿命等的影响,并不是恒定的,模型的精度有待提高。

（3）PNGV 模型。该模型是《FreedomCAR 电池试验手册》中提出的标准电池性能模型,如图 6-1(c) 所示。PNGV 模型在 Thevenin 模型的基础上加入了一个电容 C_0,C_0 是由开路电压随负载电流的时间累积而产生变化的量。PNGV 模型由于加入了电容 C_0,其两端的电压由于长时间对电流的积分导致模型的误差越来越大,但在交变电流的情况下可大致抵消累积误差,比较适合于纯电动汽车的应用。PNGV 模型和 Thevenin 模型均为一阶 RC 模型,由于电池内部的化学反应过程复杂,只用一阶 RC 网络很难进行精确的描述。

为了提高 Thevenin 模型精度,需要对模型进行改进。改进模型是在原有 Thevenin 模型的基础上,增加二阶 RC 网络,能更准确地描述电池极化特性。改进后的 Thevenin 电池等效电路模型如图 6-2 所示。U_{oc} 为电池开路电压,在一定的温度下与电池 SOC 有固定的映射关系;R_0 为电池的欧姆内阻;R_1 和 R_2 分别为电池的极化内阻;C_1 和 C_2 分别为电池的极化电容;V_b 为电池的端电压;I 为等效模型电路中的电流;U_1 和 U_2 分别为两个 RC 网络两端的电压。R_1 和 C_1 组成的回路时间常数较大,用来描述电流突变时端电压缓慢变化的阶段；R_2 和 C_2 组成的回路时间常数较小，用来描述电流突变时端电压较快变化的阶段。

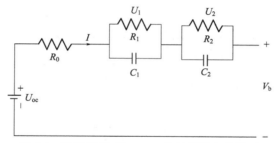

图 6-2　改进后的 Thevenin 电池等效电路模型

根据图 6-2 所示的电池等效电路模型，由基尔霍夫电压定律可得

$$U_{oc} - V_b = U_0 + U_1 + U_2 \tag{6-1}$$

式中，U_0 为欧姆电阻两端的电压，V。

根据图 6-2 所示的电池等效电路模型，能够得到电池等效数学模型为

$$\begin{cases} SOC = SOC_0 - \dfrac{1}{C_n}\int_{t_0}^{t_1} I\,\mathrm{d}t \\ I = C_1 \dfrac{\mathrm{d}U_1}{\mathrm{d}t} + \dfrac{U_1}{R_1} \\ I = C_2 \dfrac{\mathrm{d}U_2}{\mathrm{d}t} + \dfrac{U_2}{R_2} \\ I = \dfrac{U_0}{R_0} \end{cases} \tag{6-2}$$

式中，SOC_0 为 t_0 时刻 SOC 值；SOC 为 t_1 时刻 SOC 值；C_n 为电池的额定容量，A·h；I 为电池当前放电电流，A。

根据电池等效电路中各参数的关系，由式(6-1) 和式(6-2) 可以在 MATLAB/Simulink 中建立电池等效仿真模型，如图 6-3 所示。

电池等效仿真模型输入的参数有 R_0、R_1、R_2、C_1、C_2、C_n、SOC_0，对该模型施加激励电流，即可得到电池的工作电压 V_b。

2. 建立电池参数辨识的数学模型和仿真模型

电池充放电时内部的化学反应较复杂，此过程是时变且非线性的，因此很难通过理论分析得到电池的各参数。由于电池系统的时变性，随着电池 SOC、温度、SOH（电池健康状态）等变化，模型参数也会不断变化，因此参数离线辨识的精度有限且工作量大。为了提高电池 SOC 估算的精度，提高估算模型的适应能力，有必要对模型参数进行在线辨识。

递推最小二乘法（RLS）的原理是当被辨识的系统正在运行时，每得到一组新的数据，即用新得到的数据代入递推公式对前次估计的结果进行修正，从而得到新的估计值，即当前时刻的估计值＝上一时刻的估计值＋修正项。

在 RLS 算法中，协方差矩阵 P_k 在递推过程中不断递减，修正能力也越来越弱，递推后期可能出现"滤波饱和"的现象。这是因为 RLS 算法对新旧数据等同对待。为解决这个问题，可以引入一个遗忘因子 λ（取值在 0.95～0.99 之间），以增加新数据的影响，减弱旧

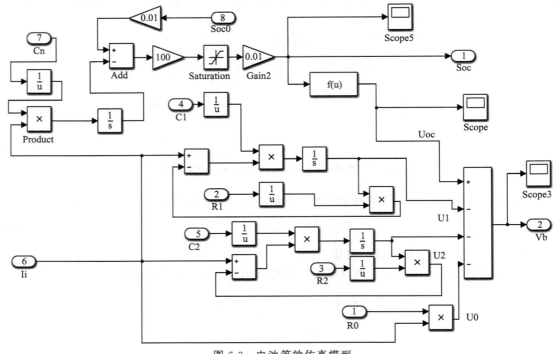

图 6-3 电池等效仿真模型

数据的影响,即遗忘因子递推最小二乘法(FFRLS)。遗忘因子递推最小二乘法的递推公式为

$$K_k = P_{k-1}\psi_k(\psi_k^T P_{k-1}\psi_k + \lambda)^{-1}$$
$$\hat{\theta}_k = \hat{\theta}_{k-1} + K_k(y_k - \psi_k^T \hat{\theta}_{k-1})$$
$$P_k = \frac{1}{\lambda}(I - K_k\psi_k^T)P_{k-1}$$
(6-3)

式中,$\hat{\theta}_k$、$\hat{\theta}_{k-1}$ 分别为第 k、$k-1$ 时刻的状态估计值;y_k 为第 k 时刻的实际观测值;$\psi_k^T\hat{\theta}_{k-1}$ 为第 k 时刻对观测值的预测;K_k 为第 k 时刻的增益因子;P_k 为第 k 时刻的协方差矩阵;λ 为遗忘因子;I 为单位矩阵。

遗忘因子递推最小二乘法的递推过程如下。

① 初始化,设定初始状态估计值 $\hat{\theta}_0$、初始协方差矩阵 P_0。
② 增益因子更新,根据式(6-3)中第一个公式计算当前时刻增益因子 K_k。
③ 状态估计值更新,根据式(6-3)中第二个公式计算当前时刻状态估计值 $\hat{\theta}_k$。
④ 协方差矩阵更新,根据式(6-3)中第三个公式计算当前时刻协方差矩阵 P_k。

在整个递推过程中,没有涉及矩阵的求逆运算,因此遗忘因子递推最小二乘法具有简单实用、递推过程可靠的优点。

为了对电池 SOC 进行估算,需要对图 6-2 所示电池等效电路模型中的 R_0、R_1、R_1、C_1、C_2 五个参数进行辨识。为了能用 FFRLS 对电池等效电路模型参数进行在线辨识,必须建立与图 6-2 所示电池等效电路模型相对应的最小二乘形式的数学模型。

对式(6-1)进行拉普拉斯变换后可得

$$Y(s) = \left(\frac{R_1}{1+R_1C_1s} + \frac{R_2}{1+R_2C_2s} + R_0 \right) I(s) \tag{6-4}$$

式中，$Y(s) = U_{oc}(s) - V_b(s)$。

电池开路电压与端电压之差对电流的传递函数为

$$G(s) = \frac{Y(s)}{I(s)} = \frac{R_1}{1+R_1C_1s} + \frac{R_2}{1+R_2C_2s} + R_0 \tag{6-5}$$

令 $\tau_1 = R_1C_1$，$\tau_2 = R_2C_2$，则由式(6-5)得

$$G(s) = \frac{R_0 s^2 + \dfrac{R_0\tau_1 + R_0\tau_2 + R_1\tau_1 + R_2\tau_2}{\tau_1\tau_2} s + \dfrac{R_0 + R_1 + R_2}{\tau_1\tau_2}}{s^2 + \dfrac{\tau_1+\tau_2}{\tau_1\tau_2} s + \dfrac{1}{\tau_1\tau_2}} \tag{6-6}$$

采用双线性变换的方法对式(6-6)进行离散化，即将 s 域转换成 z 域，令

$$s = \frac{2}{T} \times \frac{1-z^{-1}}{1+z^{-1}} \tag{6-7}$$

式中，T 为取样周期。

式(6-5)传递函数的离散化形式为

$$G(z^{-1}) = \frac{k_3 + k_4 z^{-1} + k_5 z^{-2}}{1 - k_1 z^{-1} - k_2 z^{-2}} \tag{6-8}$$

式中，$k_1 = \dfrac{8-2n_5}{4+2n_4+n_5}$；$k_2 = \dfrac{2n_4 - n_5 - 4}{4+2n_4+n_5}$；$k_3 = \dfrac{4n_1 + 2n_2 + n_3}{4+2n_4+n_5}$；$k_4 = \dfrac{2n_3 - 8n_1}{4+2n_4+n_5}$；$k_5 = \dfrac{4n_1 - 2n_2 + n_3}{4+2n_4+n_5}$；$n_1 = R_0$；$n_2 = \dfrac{R_0\tau_1 + R_0\tau_2 + R_1\tau_2 + R_2\tau_1}{\tau_1\tau_2}$；$n_3 = \dfrac{R_0 + R_1 + R_2}{\tau_1\tau_2}$；$n_4 = \dfrac{\tau_1+\tau_2}{\tau_1\tau_2}$；$n_5 = \dfrac{1}{\tau_1\tau_2}$。

由式(6-8)可得频域表达式离散化后的差分方程形式为

$$y_k = k_1 y_{k-1} + k_2 y_{k-2} + k_3 I_k + k_4 I_{k-1} + k_5 I_{k-2} \tag{6-9}$$

令 $\theta = [k_1, k_2, k_3, k_4, k_5]^T$ $\psi_k = [y_{k-1}, y_{k-2}, I_k, I_{k-1}, I_{k-2}]^T$，并假设 k 时刻监测电池的传感器的采样误差为 e_k，则最小二乘形式为 $y_k = \psi_k^T \theta + e_k$，即可以用 FFRLS 算法的递推公式(6-3)得到 $k_1 \sim k_5$。

由式(6-8)结合已由 FFRLS 算法得到的 $k_1 \sim k_5$ 参数值可以解得

$$\begin{aligned} R_0 &= \frac{k_3 + k_5 - k_4}{1 + k_1 - k_2} \\ a &= \tau_1\tau_2 = \frac{1 + k_1 - k_2}{4(1 - k_1 - k_2)} \\ b &= \tau_1 + \tau_2 = \frac{1 + k_1}{1 - k_1 - k_2} \\ c &= R_0 + R_1 + R_2 = \frac{k_3 + k_4 + k_5}{1 - k_1 - k_2} \\ d &= R_0\tau_1 + R_0\tau_2 + R_1\tau_2 + R_2\tau_1 = \frac{k_3 - k_5}{1 - k_1 - k_2} \end{aligned} \tag{6-10}$$

由式(6-10)可以解得

$$\tau_1 = \frac{b+\sqrt{b^2-4a}}{2}$$

$$\tau_2 = \frac{b-\sqrt{b^2-4a}}{2}$$

$$R_1 = \frac{c\tau_1 + R_0\tau_2 - d}{\tau_1 - \tau_2} \tag{6-11}$$

$$R_2 = c - R_0 - R_1$$

$$C_1 = \frac{\tau_1}{R_1}$$

$$C_2 = \frac{\tau_2}{R_2}$$

最终即可以得到全部五个参数 R_0、R_1、R_2、C_1、C_2。

根据式(6-3)，搭建 FFRLS 算法递推仿真模型如图 6-4 所示，根据该模型可以得到 $k_1 \sim k_5$。

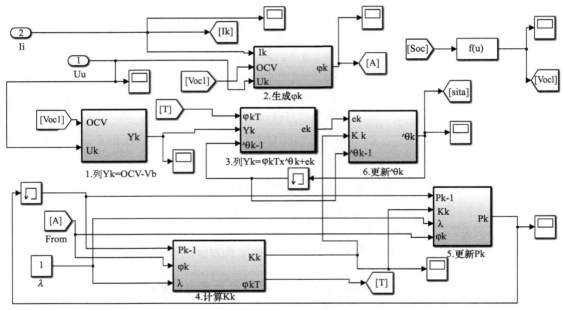

图 6-4　FFRLS 算法递推仿真模型

得到 $k_1 \sim k_5$ 后，再搭建式(6-7)、式(6-10)、式(6-11) 的仿真模型，如图 6-5 和图 6-6 所示，可以用得到的 $k_1 \sim k_5$ 算出中间参数 a、b、c、d，最终可以得到全部五个参数 R_0、R_1、R_2、C_1、C_2。

图 6-6 所示是式(6-10) 中间参数 a 的仿真模型，其他中间参数的仿真模型大同小异，都是用已知的算式确定输入和输出的运算关系，在此省略。

整个电池参数辨识仿真模型的输入是在电动汽车行驶状态下，从真实电池中测量的端电压以及电流，这两个参数都是电池工作时非常容易实时观测的量。在下面的仿真中，将以实验室中真实电池的电流和电压进行输入。

实例六 基于理论的电动汽车动力电池SOC仿真

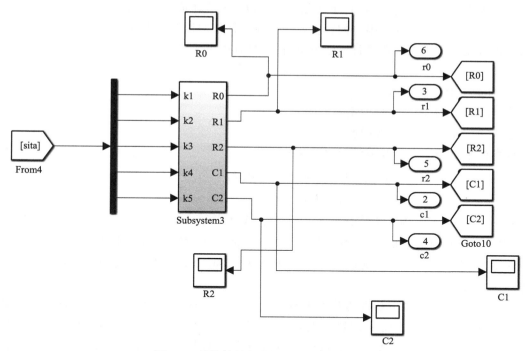

图 6-5 递推结果与参数换算部分仿真模型

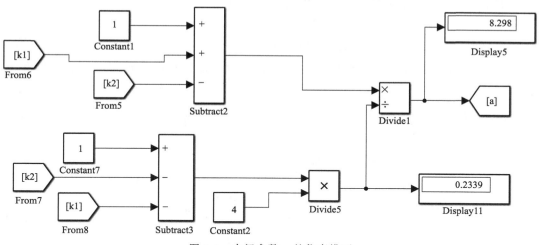

图 6-6 中间参数 a 的仿真模型

3. 建立电池 SOC 估算的数学模型

采用卡尔曼滤波法对电池 SOC 进行估算。卡尔曼滤波理论是对动力系统的状态做出最小方差意义上的最优估计。整个算法由滤波递推计算和滤波增益递推计算两部分组成,其应用于电池 SOC 估算时,电池被看成动力系统,SOC 被看成系统的一个内部状态,通过算法实现从数据流中除去噪声干扰,预测新的状态和它的不确定性,然后用新的测量值校准预测值。带有卡尔曼滤波的电池 SOC 预测模型的精度可以得到明显改善。

卡尔曼滤波方法适用于各种电池,与其他方法相比,尤其适合于电流波动比较剧烈的电动汽车动力电池 SOC 的估计，它不仅给出了 SOC 的估计值，还给出了 SOC 的估计误差。该算法在估算过程中能保持很好的精度，并且对初始值的误差有很强的修正作用，因此使用起来更加方便，应用该方法进行电池 SOC 估算具有以下优势。

① 任何时刻均适用。
② 有助于修正初始值。
③ 有助于克服传感器精度不足的问题。
④ 有助于消除电磁干扰的影响。

经典的卡尔曼滤波器需要满足的线性模型为

$$\begin{aligned} x_k &= Ax_{k-1} + Bu_{k-1} + \omega_{k-1} \\ z_k &= Hx_k + v_k \end{aligned} \quad (6\text{-}12)$$

式中，x_k 为 k 时刻系统特征的状态变量；A 为状态 $k-1$ 时刻到 k 时刻的转移矩阵；u_{k-1} 为 $k-1$ 时刻的激励变量；B 为状态 $k-1$ 时刻到 k 时刻的增益矩阵；z_k 为观测变量；H 为状态向量对观测向量的增益；ω_{k-1} 为状态 $k-1$ 时刻到 k 时刻的随机噪声向量，v_k 为观测噪声向量。

式(6-12)中第一个方程称为状态方程，第二个方程称为量测方程。可以看出，在经典卡尔曼滤波器中，状态变量、激励变量、观测变量之间是线性的。由于电池开路电压（Open Circuit Voltage，OCV）和 SOC 之间存在明显的非线性关系，因此，经典卡尔曼滤波器不再适用，需要使用扩展卡尔曼滤波器（Extended Kalman Filter，EKF）。

扩展卡尔曼滤波算法的状态方程和量测方程分别为

$$\begin{aligned} x_k &= f(x_{k-1}, u_{k-1}, \omega_{k-1}) \\ z_k &= h(x_k, v_k) \end{aligned} \quad (6\text{-}13)$$

若要利用 EKF 算法进行电池 SOC 估算，需要确定所选用电池模型的状态方程和量测方程。

令 $\dfrac{\mathrm{d}u}{\mathrm{d}t} = \dfrac{u_k - u_{k-1}}{T}$，且采样周期为 $T = 1\mathrm{s}$，将式(6-2)近似离散化后得到离散方程为

$$\begin{aligned} \mathrm{SOC}_k &= \mathrm{SOC}_{k-1} - i_{k-1}\dfrac{1}{C_\mathrm{n}} \\ u_k^1 &= i_{k-1}\dfrac{R_1}{1+R_1C_1} + \dfrac{R_1C_1}{1+R_1C_1}u_{k-1}^1 \\ u_k^2 &= i_{k-1}\dfrac{R_2}{1+R_2C_2} + \dfrac{R_2C_2}{1+R_2C_2}u_{k-1}^2 \\ u_k^0 &= i_{k-1}R_0 \end{aligned} \quad (6\text{-}14)$$

式中，SOC_k、SOC_{k-1} 分别为第 k、$k-1$ 时刻的 SOC 值；i_{k-1} 为第 $k-1$ 时刻的电流；u_k^1、u_{k-1}^1 分别为第 k、$k-1$ 时刻 R_1、C_1 两端的电压；u_k^2、u_{k-1}^2 分别为第 k、$k-1$ 时刻 R_2、C_2 两端的电压；u_k^0 为第 k 时刻 R_0 两端的电压。

电池模型的状态方程为

$$x_k = Ax_{k-1} + Bi_{k-1} + \omega_{k-1} \quad (6\text{-}15)$$

式中，$x_k = \begin{bmatrix} \text{SOC}_k \\ u_k^1 \\ u_k^2 \\ u_k^0 \end{bmatrix}$；$A = \begin{bmatrix} 1 & 0 & 0 & 0 \\ 0 & \dfrac{R_1 C_1}{1+R_1 C_1} & 0 & 0 \\ 0 & 0 & \dfrac{R_2 C_2}{1+R_2 C_2} & 0 \\ 0 & 0 & 0 & 0 \end{bmatrix}$；$B = \begin{bmatrix} -\dfrac{1}{C_n} \\ \dfrac{R_1}{1+R_1 C_1} \\ \dfrac{R_2}{1+R_2 C_2} \\ R_0 \end{bmatrix}$；$\omega_{k-1}$ 为随机噪声向量。

当电池在充放电时，电池的端电压和电池的平衡电动势、两个 RC 网络的电压以及欧姆内阻两端的电压有关，其电路关系式为

$$V_b = U_{oc} - U_1 - U_2 - U_0 \tag{6-16}$$

其中，U_{oc} 与 SOC 存在非线性的函数关系，即

$$U_{oc} = g(\text{SOC}_k) \tag{6-17}$$

式 (6-17) 反映了电池开路电压与 SOC 之间的关系，如图 6-7 所示，这是一个非线性函数，可以用一个高阶多项式来近似表示，首先选择阶数，一般是 7～9 阶，然后通过拟合确定系数。

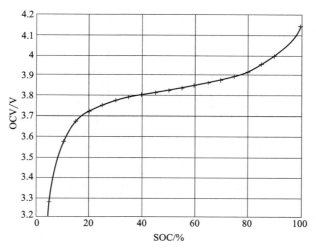

图 6-7 OCV-SOC 曲线

利用 EKF 算法对电池 SOC 进行估算，递推过程如下。

① 初始化。设置状态变量初值 x_0，协方差矩阵初值 P_0。

② 计算 k 时刻状态变量的估计值。

$$\hat{x}_k = A x_{k-1} + B i_{k-1} + \omega_{k-1} \tag{6-18}$$

③ 计算协方差矩阵的先验值。

$$\hat{P}_k = A P_{k-1} A^T + Q_{k-1} \tag{6-19}$$

④ 计算卡尔曼增益。

$$K_k = \hat{P}_k H_k^T (H_k \hat{P}_{k-1} H_k^T + R_k)^{-1}$$

$$H_{k[i,j]} = \frac{\partial h_{[i]}}{\partial x_{[j]}} [\hat{x}_k, 0]$$

(6-20)

⑤ 根据卡尔曼增益修正状态变量的估算值。

$$x_k = \hat{x}_k + K_k (u_k + H_k \hat{x}_k)$$

(6-21)

⑥ 协方差矩阵更新。

$$P_k = (I - K_k H_k) \hat{P}_k$$

(6-22)

第⑥步执行完成后，时间指标 k 增加 1，然后回到第①步，继续计算。至此，一种基于电池模型及扩展卡尔曼滤波器的电池 SOC 估算的递推算法得到了实现。

根据扩展卡尔曼滤波递推过程，在 MATLAB/Simulink 中建立电池 SOC 估算仿真模型。由式(6-15)和式(6-18)搭建 A、B 两个矩阵系数以及递推第②步的仿真模型如图 6-8 所示。

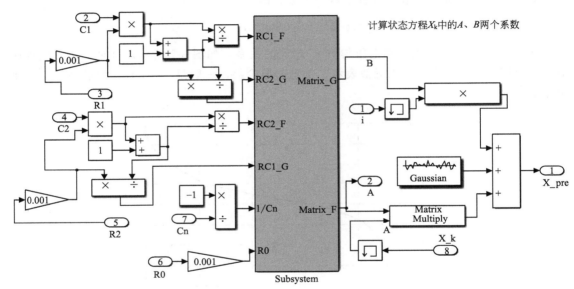

图 6-8 电池模型的状态方程仿真模型

再搭建递推其他过程。

① 设置状态变量初值 x_0，协方差矩阵初值 P_0，如图 6-9 和图 6-10 所示。

② 搭建式(6-19)仿真模型，如图 6-11 所示。

③ 搭建式(6-20)仿真模型，如图 6-12 所示。

④ 搭建式(6-21)仿真模型，如图 6-13 所示。

⑤ 搭建式(6-22)仿真模型，如图 6-14 所示。

在这几个步骤的外部将它们的输入输出联系起来，这样扩展卡尔曼滤波算法的仿真模型就基本成型，可以进行仿真。

4. 利用 Simulink 绘制电池电压拟合曲线

利用已经搭建好的电池等效仿真模型可以进行电压曲线拟合，用来判断所搭建的电池模型是否合理。

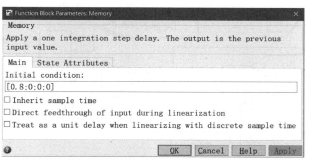

图 6-9 设置状态变量初值

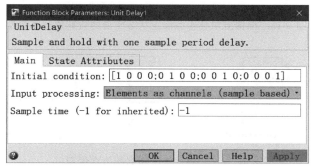

图 6-10 设置协方差矩阵初值

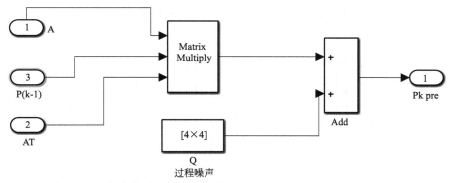

图 6-11 计算协方差矩阵先验值仿真模型

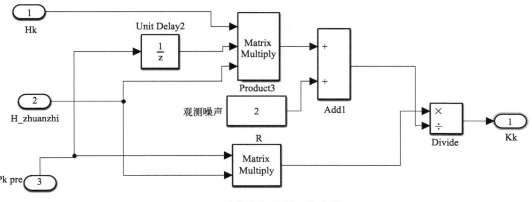

图 6-12 计算卡尔曼增益仿真模型

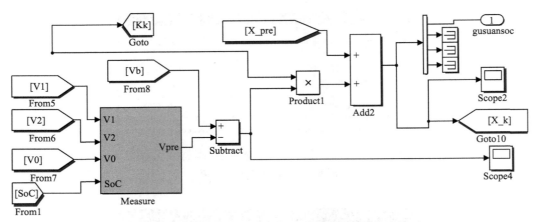

图 6-13 根据卡尔曼增益修正状态变量的估算值仿真模型

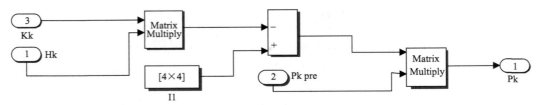

图 6-14 协方差矩阵更新仿真模型

如果想要对电池参数进行实时辨识,必须要有电流和电压输入,实际电动汽车运行中这两个数据是实时采集的,在本仿真案例中,用一个真实电池的充放电数据代替,图 6-15 所

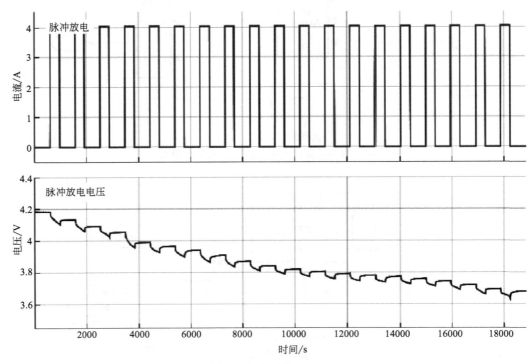

图 6-15 脉冲放电工况

示为一个脉冲放电工况,试验电池以脉冲电流进行放电,电压为此工况下实时测得的端电压。

将脉冲放电工况的数据通过表格导入 Simulink 的 Signal Builder 模块,以此作为参数辨识模型的输入,然后用常数模块将试验电池的容量 C_n 输入,如图 6-16 所示。

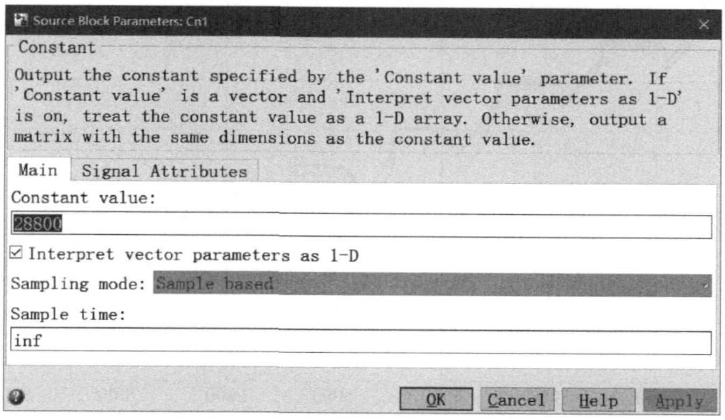

图 6-16 电池容量参数设置

解算器参数设置如图 6-17 所示,选择仿真时间为 0～10000s,仿真形式为固定步长仿真;解算器选择 ode3,仿真步长选择为 1s。

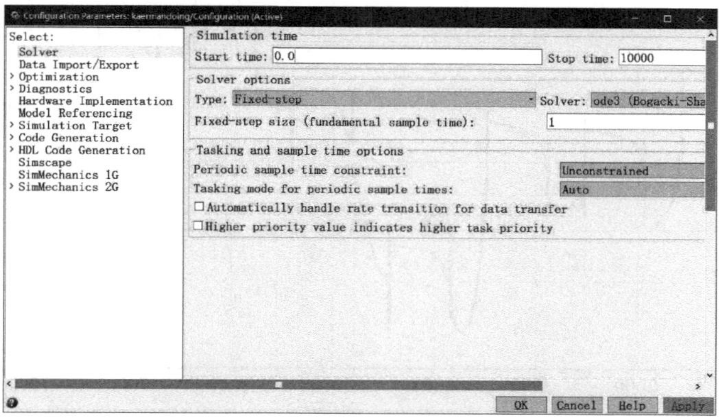

图 6-17 解算器参数设置

设置好后点击运行,即可得到脉冲放电工况下的电压拟合曲线,如图 6-18 所示,图中蓝色线为真实电压,粉色线为估算电压。脉冲放电工况下的电压拟合误差曲线如图 6-19 所示。

由图 6-18 和图 6-19 可以看出,在脉冲放电工况下,电池模型在仿真条件下可以较精确地对真实电池的工作电压进行模拟,在整个仿真过程中,电池模型的电压拟合最大误差不超过 ±0.03V。

为了进一步观察 FFRLS 算法的辨识效果如何,采用如图 6-20 所示的自定义工况电流做进一步仿真。可以看到此自定义电流工况相比于之前单纯的放电脉冲工况而言,更加复杂多变,能更好地模拟电动汽车在实况驾驶时的复杂工况,并且整个工况中既有充电电流也有放电电流。

放电最大电流为 8A,充电最大电流为 4A,这整体还是一个放电工况,不用电池过充电。所以采用此自定义电流工况进一步仿真可以很好地模拟真实电动汽车工况下的模型运作状态。

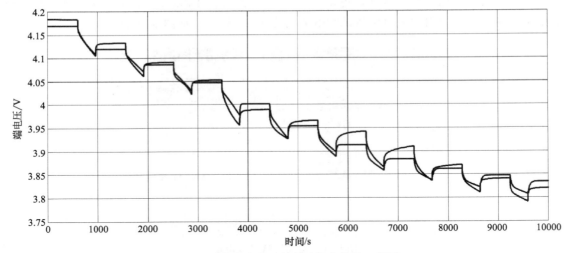

图 6-18 脉冲放电工况电压拟合结果（彩图）

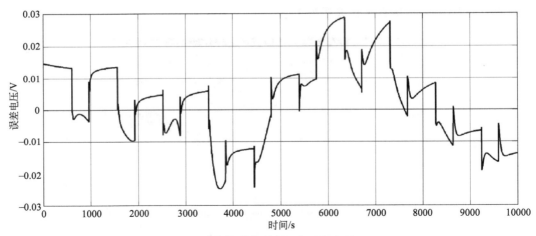

图 6-19 脉冲放电工况电压拟合误差

其他条件不变，输入自定义工况的电流，电池模型的电压拟合曲线如图 6-21 所示，图中蓝色线为真实电压，粉色线为估算电压。电压拟合误差曲线如图 6-22 所示。

由图 6-21 可以看出，在自定义的工况下，整个仿真过程，电池模型在仿真条件下可以较精确地对真实电池的工作电压进行模拟。

由仿真结果可得，FFRLS 与改进的 Thevenin 模型的组合对各种不同的工况都有很好的适应能力，参数辨识的实时性好，电池模型的电压拟合精度高，可以满足要求。

5. 利用 Simulink 绘制电池 SOC 估算曲线

电池 SOC 估算模型的所需输入是电流、端电压、实时电池参数和电池容量，输出则为电池的当前 SOC。在递推仿真开始之前需要设置状态变量初值 x_0 和协方差矩阵初值 P_0，如图 6-9 和图 6-10 所示。图 6-9 中设置的矩阵则为 x_0 的初始值，而矩阵的第一项就是 SOC

的自定初始值,这里将其定义为 0.8,虽然脉冲放电工况时电池初始电量为 0.96,但卡尔曼算法不受初始值影响。

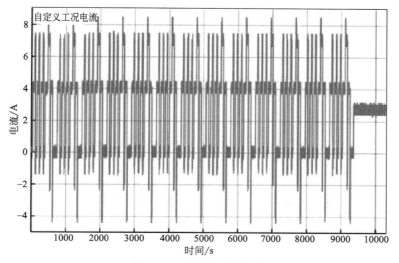

图 6-20 自定义工况电流

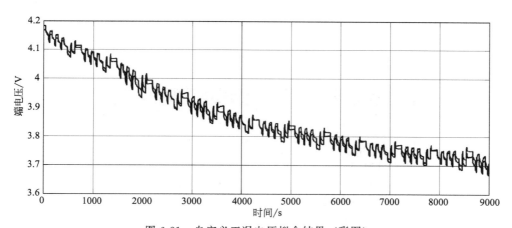

图 6-21 自定义工况电压拟合结果(彩图)

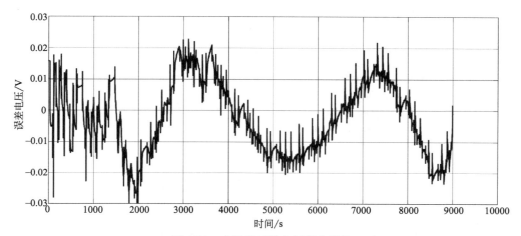

图 6-22 自定义工况电压拟合误差

虽然可以得到扩展卡尔曼算法所估算的 SOC 值，但是并不知道它是否准确，可以用 Simulink 里的电池模块作真实电池，用其输出的 SOC 当作真实电池 SOC 值。

电池模块为 Library→electricdrivelib→Extra Source 里的 Battery 模块，如图 6-23 所示，Battery 模块参数设置如图 6-24 所示。

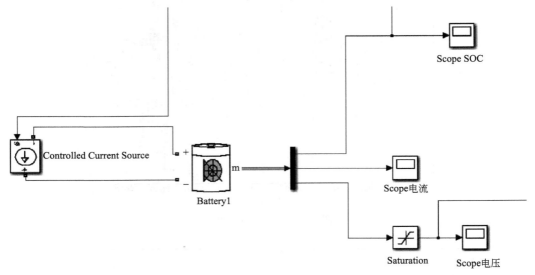

图 6-23 Battery 模块

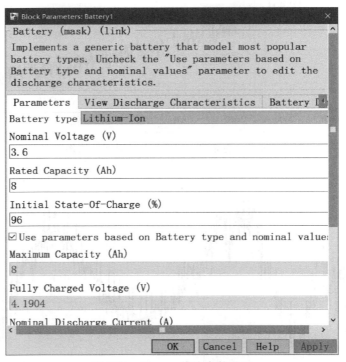

图 6-24 Battery 模块参数设置

电池类型选择锂铁电池，额定电压选择 3.6V，初始电量为 96%。

解算器设置不变,点击运行即可以得到电池 SOC 估算曲线,如图 6-25 所示,图中蓝色线为真实 SOC,红色线为估算 SOC。电池 SOC 估算误差曲线如图 6-26 所示。

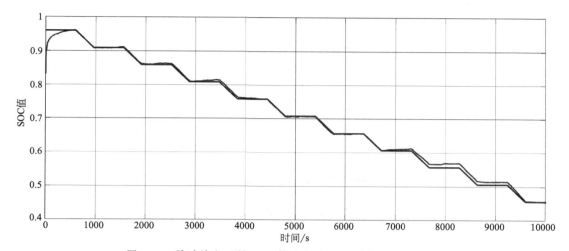

图 6-25　脉冲放电工况 EKF 算法电池 SOC 估算曲线(彩图)

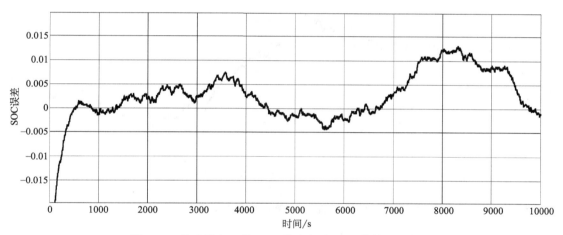

图 6-26　脉冲放电工况 EKF 算法电池 SOC 估算误差曲线

由图 6-25 可以看出,初值是否准确不会很大程度地影响 EKF 算法的估算精度,在状态变量初值不准确的情况下,其估算结果可以在 200s 内迅速地收敛到真值附近。在 SOC 估算值收敛到真值以后的估算误差如图 6-26 所示,误差稳定在±0.015 以内,大部分时间误差稳定在±0.005 以内,在整个仿真过程中可以满足 QC/T 896—2011 中"SOC 估算精度要求不大于 10%"的规定。

为了进一步观察扩展卡尔曼滤波算法的估算效果如何,保持其他条件不变,输入图 6-20 所示的自定义工况电流,SOC 的估算曲线如图 6-27 所示,图中蓝色线为真实 SOC 值,红色线为估算 SOC 值。SOC 的估算误差曲线如图 6-28 所示。

由图 6-28 可以看出,整个仿真过程的 SOC 估算最大误差不超过 0.01,同样可以满足 QC/T 896—2011 中"SOC 估算精度要求不大于 10%"的规定。

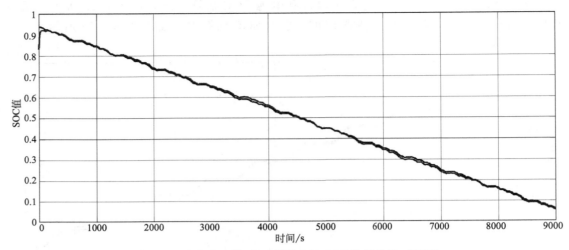

图 6-27 自定义工况 EKF 算法电池 SOC 估算曲线（彩图）

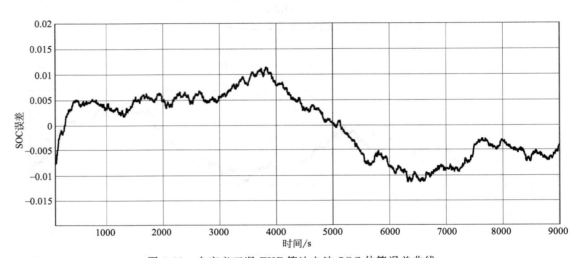

图 6-28 自定义工况 EKF 算法电池 SOC 估算误差曲线

实例七
电动汽车动力性仿真

电动汽车动力性评价指标主要有最高车速、加速能力和坡道起步能力。最高车速是指电动汽车能够往返各持续行驶 1km 以上距离的最高平均车速；加速能力是指电动汽车从速度 u_1 加速到 u_2 所需的最短时间；坡道起步能力是指电动汽车在坡道上能够启动且 1min 内向上行驶至少 10m 的最短时间。

任务描述

主要任务：
1. 建立电动汽车动力性数学模型
2. 绘制电动汽车动力性仿真曲线
3. 分析影响电动汽车动力性的因素

完成电动汽车动力性仿真所需参数见表 7-1。

表 7-1 电动汽车动力性仿真所需参数

整车质量/kg	轮胎滚动半径/m	迎风面积/m^2	总传动比
1575	0.318	2.5	8.3
峰值功率/kW	峰值转矩/N·m	额定功率/kW	额定转矩/N·m
70	210	35	105
传动系统效率	空气阻力系数	滚动阻力系数	旋转质量换算系数
0.9	0.3	0.012	1.1

任务实施过程

1. 建立电动汽车动力性数学模型

电动汽车动力性主要取决于作用在电动汽车行驶方向上的外力,即电动汽车驱动力和行驶阻力。

电动汽车驱动力是由电机的输出转矩经传动系统传至驱动轮上得到的。电动汽车驱动力与电机输出转矩之间的关系为

$$F_t = \frac{T_e i_t \eta_t}{r} \tag{7-1}$$

式中,F_t 为电动汽车驱动力;T_e 为电机输出转矩;i_t 为传动系统总传动比;η_t 为传动系统效率;r 为轮胎滚动半径。

电机输出转矩与转速之间的关系是进行汽车动力性计算的主要依据。电机驱动具有低速恒转矩、高速恒功率的特点,故可以由电机转速计算电机转矩,计算公式为

$$T_e = \begin{cases} T_c & n \leqslant n_b \\ \dfrac{9550 P_e}{n} & n > n_b \end{cases} \tag{7-2}$$

式中,T_c 为电机的低速恒转矩;P_e 为电机的高速恒功率;n 为电机转速;n_b 为电机基速。

电动汽车行驶速度与电机转速之间的关系为

$$u = \frac{0.377 rn}{i_t} \tag{7-3}$$

式中,u 为电动汽车行驶速度。

电动汽车行驶过程中,受到的阻力主要有滚动阻力、空气阻力、坡度阻力和加速阻力。

电动汽车滚动阻力是指轮胎行驶单位距离的能量损失,主要是由轮胎和路面的变形引起的,其表达式为

$$F_f = mgf\cos\alpha_G \tag{7-4}$$

式中,F_f 为电动汽车滚动阻力;m 为电动汽车质量;f 为滚动阻力系数;α_G 为坡度角。

电动汽车空气阻力指电动汽车直线行驶时受到的空气作用力在行驶方向上的分力,它不仅与行驶速度有关,还与电动汽车迎风面积、空气阻力系数有关,其表达式为

$$F_w = \frac{C_D A u^2}{21.15} \tag{7-5}$$

式中,F_w 为电动汽车空气阻力;C_D 为空气阻力系数;A 为汽车迎风面积。

电动汽车上坡行驶时,其重力沿坡道的分力称为电动汽车坡度阻力,表达式为

$$F_i = mg\sin\alpha_G \tag{7-6}$$

式中,F_i 为电动汽车坡度阻力。

电动汽车加速阻力是指电动汽车加速行驶时，需要克服其质量加速运动时的惯性力，其表达式为

$$F_{\mathrm{j}} = \delta m \frac{\mathrm{d}u}{\mathrm{d}t} \tag{7-7}$$

式中，F_{j} 为电动汽车加速阻力；δ 为汽车旋转质量换算系数；$\frac{\mathrm{d}u}{\mathrm{d}t}$ 为电动汽车行驶加速度。

电动汽车行驶方程式为

$$\frac{T_{\mathrm{e}} i_{\mathrm{t}} \eta_{\mathrm{t}}}{r} = m g f \cos\alpha_{\mathrm{G}} + \frac{C_{\mathrm{D}} A u^2}{21.15} + m g \sin\alpha_{\mathrm{G}} + \delta m \frac{\mathrm{d}u}{\mathrm{d}t} \tag{7-8}$$

（1）最高车速。当电动汽车在平坦道路上达到最高车速时，电机处于恒功率区域运行，电动汽车的驱动力与滚动阻力和空气阻力之和处于平衡状态。

$$u_{\max} = \sqrt{\frac{21.15}{C_{\mathrm{D}} A}\left(\frac{T_{\mathrm{e}} i_{\mathrm{t}} \eta_{\mathrm{t}}}{r} - m g f\right)} \tag{7-9}$$

式中，$u_{\max}$ 为电动汽车最高车速。

当电动汽车驱动力与滚动阻力和空气阻力之和处于平衡时，即驱动力曲线与滚动阻力和空气阻力之和曲线有交点，交点对应的车速就是电动汽车的最高车速。

当电动汽车驱动力始终大于滚动阻力和空气阻力之和时，驱动力曲线与滚动阻力和空气阻力之和曲线没有交点，电动汽车的最高车速由电机的最高车速决定，即

$$u_{\max} = \frac{0.377 r n_{\max}}{i_{\mathrm{t}}} \tag{7-10}$$

式中，$n_{\max}$ 为电机最高转速。

（2）加速能力。电动汽车在平坦路面上的加速度为

$$a_{\mathrm{j}} = \frac{F_{\mathrm{t}} - F_{\mathrm{f}} - F_{\mathrm{w}}}{\delta m} \tag{7-11}$$

电动汽车加速时间为

$$t = \int_{u_1}^{u_2} \frac{1}{a_{\mathrm{j}}} \mathrm{d}u = \int_{u_1}^{u_2} \frac{\delta m}{3.6(F_{\mathrm{t}} - F_{\mathrm{f}} - F_{\mathrm{w}})} \mathrm{d}u \tag{7-12}$$

式中，t 为电动汽车加速时间；u_1 为电动汽车加速起始车速；u_2 为电动汽车加速终了车速。

（3）坡道起步能力。电动汽车动力因数为

$$D = \frac{F_{\mathrm{t}} - F_{\mathrm{w}}}{m g} \tag{7-13}$$

电动汽车最大爬坡度为

$$i_{\max} = \tan\left(\arcsin \frac{D - f\sqrt{1 - D^2 + f^2}}{1 + f^2}\right) \times 100\% \tag{7-14}$$

2. 绘制电动汽车动力性仿真曲线

根据电动汽车动力性数学模型，编写绘制电动汽车动力性仿真曲线的 MATLAB 程序如下。

程序	注释
m=1575;r=0.318;Cd=0.3;A=2.5;f=0.012;at=0.9;dt=1.1; it=8.3;g=9.8;	汽车参数赋值
Pm=70;Tm=210;Pr=35;Tr=105;	电机参数赋值
aa=0;	设置坡度角为0°
nn=Pr*9550/Tr;	计算电机基速
Ff=m*g*f*cos(aa);	计算滚动阻力
Fj=m*g*sin(aa);	计算坡度阻力
for i=1:1901	速度循环开始
v(i)=0.1*i-0.1;	设置速度范围为0~190km/h
n(i)=it*v(i)/r/0.377;	计算电机转速
if n(i)<nn	如果电机转速小于基速
Ft(i)=Tm*it*at/r;	驱动力计算
else	否则
Ft(i)=(Pm*9550/n(i))*it*at/r;	驱动力计算
end	结束
Fw(i)=Cd*A*(v(i).^2)/21.15;	空气阻力计算
F(i)=Fw(i)+Ff+Fj;	行驶阻力计算
if abs(Ft(i)-F(i))<1	驱动力判断
vmax=v(i);	求最高车速
end	结束
a(i)=(Ft(i)-F(i))/dt/m;	求最大加速度
angle(i)=tan(asin((Ft(i)-Fw(i)-Ff)/m/g))*100;	求最大坡度角
end	速度循环结束
for j=1:1901	时间循环开始(用于求百公里加速)
va(1)=0;	设置初始速度为0
na(j)=it*va(j)/r/0.377;	计算当前速度下的电机转速
if na(j)<nn	如果电机转速小于基速
Fta(j)=Tm*it*at/r;	计算驱动力
else	否则
Fta(j)=(Pm*9550/na(j))*it*at/r;	计算驱动力
end	结束
Fwa(j)=Cd*A*(va(j).^2)/21.15;	计算空气阻力
Fa(j)=Fwa(j)+Ff+Fj;	计算行驶阻力
acc(j)=(Fta(j)-Fa(j))/m/at;	计算当前车速下的加速度
va(j+1)=va(j)+acc(j)*0.1*3.6;	求下一循环时刻的速度
if abs(va(j)-100)<0.5	判断百公里加速时间
ta=(j-1)*0.1;	计算百公里加速时间
end	判断结束
end	时间循环结束
figure(1)	设置绘图窗口1
plot(v,Ft,v,F)	绘制驱动力-行驶阻力平衡图
grid on	设置网格背景

程序	注释
xlabel('速度/(km/h)')	x轴标注
ylabel('电动汽车驱动力-行驶阻力/N')	y轴标注
fprintf('最大车速 vmax=%.2fkm/h\n',vmax)	命令行窗口输出最高车速
figure(2)	设置绘图窗口2
plot(v,a)	绘制最大加速度曲线
axis([0 inf 0 3])	设置横纵坐标范围
grid on	设置网格背景
xlabel('速度/(km/h)')	x轴标注
ylabel('加速度/(m/s^2)')	y轴标注
figure(3)	设置绘图窗口3
t=0:1901;	设置时间
plot(t*0.1,va)	绘制汽车加速时间曲线
grid on	设置网格背景
xlabel('时间/s')	x轴标注
ylabel('速度/(km/h)')	y轴标注
fprintf('百公里加速时间 t=%.2fs\n',ta)	命令行窗口输出百公里加速时间
figure(4)	设置绘图窗口4
plot(v,angle)	绘制最大爬坡度曲线
axis([0 inf 0 35]);	设置横纵坐标范围
grid on	设置网格背景
xlabel('速度/(km/h)')	x轴标注
ylabel('爬坡度/%')	y轴标注
fprintf('最大爬坡度 angle=%.2fs\n',angle(1))	命令行窗口输出最大爬坡度

在 MATLAB 编辑器中输入这些程序,点击运行按钮,就可得到电动汽车驱动力-行驶阻力平衡图 (图 7-1)、电动汽车最大加速度曲线 (图 7-2),电动汽车加速时间曲线 (图 7-3)、电动汽车最大爬坡度曲线 (图 7-4)。最高车速为 176km/h;百公里加速时间为 11.8s;最大爬坡度为 32.3%。

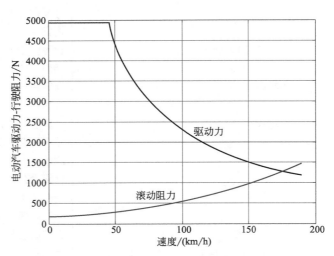

图 7-1 电动汽车驱动力-行驶阻力平衡图

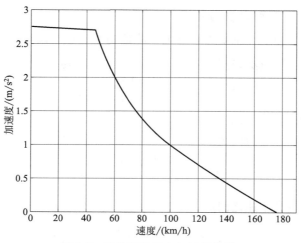

图 7-2 电动汽车最大加速度曲线

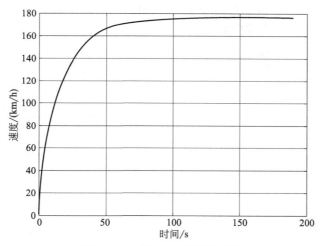

图 7-3 电动汽车加速时间曲线

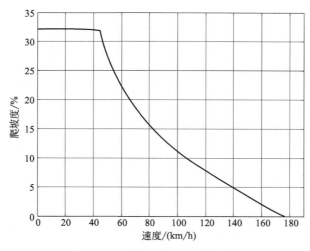

图 7-4 电动汽车最大爬坡度曲线

3. 分析影响电动汽车动力性的因素

(1) 对最高车速的影响。主要因素有电机峰值功率、整车质量、空气阻力系数等。电机峰值功率与最高车速之间的关系为

$$P_{\mathrm{m}} = \left(mgf + \frac{C_{\mathrm{D}}Au_{\max}^2}{21.15}\right)\frac{u_{\max}}{3600\eta_{\mathrm{t}}} \tag{7-15}$$

式中，P_{m} 为电机峰值功率。

整车质量与最高转速之间的关系为

$$m = \frac{3600\eta_{\mathrm{t}}P_{\mathrm{m}}}{gfu_{\max}} - \frac{C_{\mathrm{D}}Au_{\max}^2}{21.15gf} \tag{7-16}$$

空气阻力系数与最高车速之间的关系为

$$C_{\mathrm{D}} = \frac{21.15}{Au_{\max}^2}\left(\frac{3600\eta_{\mathrm{t}}P_{\mathrm{m}}}{u_{\max}} - mgf\right) \tag{7-17}$$

根据式(7-15)～式(7-17)，编写分析电机峰值功率、整车质量、空气阻力系数对电动汽车最高车速影响的 MATLAB 程序如下。

程序	注释
m=1575;Cd=0.3;A=2.5;f=0.012;at=0.9;g=9.8;	汽车参数赋值
figure(1)	设置图形窗口 1
u=120:1:180;	定义最高车速范围
Pm=(m*g*f*u+Cd*A*u.^3/21.15)./3600/at;	计算电机峰值功率
plot(Pm,u)	绘制最高车速-电机峰值功率曲线
xlabel('峰值功率/kW')	x 轴标注
ylabel('最高车速/(km/h)')	y 轴标注
figure(2)	设置图形窗口 2
Pm=70;	电机峰值功率赋值
u=120:1:180;	定义最高车速范围
m=3600*at*Pm./(g*u*f)-(Cd*A*u.^2)./21.15/g/f;	计算整车质量
plot(m,u)	绘制最高车速-整车质量曲线
xlabel('整车质量/kg')	x 轴标注
ylabel('最高车速/(km/h)')	y 轴标注
figure(3)	设置图形窗口 3
m=1575;	整车质量赋值
u=120:1:180;	定义最高车速范围
Cd=21.15*(3600*at*Pm./u-m*g*f)./(A*u.^2);	计算空气阻力系数
plot(Cd,u)	绘制最高车速-空气阻力系数曲线
xlabel('空气阻力系数')	x 轴标注
ylabel('最高车速/(km/h)')	y 轴标注

在 MATLAB 编辑器中输入这些程序，点击运行按钮，就可得到电动汽车最高车速与电机峰值功率、整车质量、空气阻力系数的关系曲线。从图 7-5 所示的电动汽车最高车速与电机峰值功率的关系曲线可以看出，电机峰值功率越大，电动汽车最高车速越高。

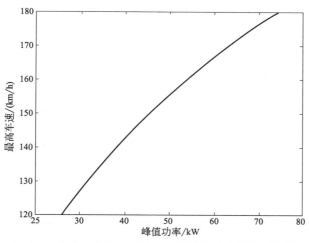

图 7-5 电动汽车最高车速与电机峰值功率的关系曲线

从图 7-6 所示的电动汽车最高车速与整车质量的关系曲线可以看出，整车质量越大，电动汽车最高车速越小。

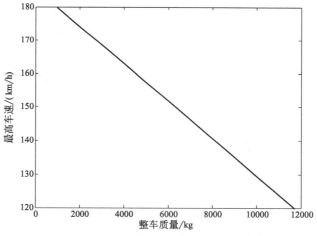

图 7-6 电动汽车最高车速与整车质量的关系曲线

从图 7-7 所示的电动汽车最高车速与空气阻力系数的关系曲线可以看出，空气阻力系数越大，电动汽车最高车速越小。

（2）对加速能力的影响。利用加速时间数学模型，编写分析电机峰值功率、整车质量、空气阻力系数对电动汽车加速时间影响的 MATLAB 程序如下。

程序	注释
m=1575;Cd=0.3;A=2.5;f=0.012;at=0.9;g=9.8;dt=1.1;	汽车参数赋值
figure(1)	设置图形窗口 1
for i=1:51	循环开始
Pm=49+i;	峰值功率增量
u=0:100;	设置起始速度和终了速度
Ft=3600*Pm*at./u;	计算驱动力

程序	注释
`    F1=m*g*f+Cd*A*u.^2/21.15;`	计算行驶阻力
`    a=(Ft-F1)/(dt*m);`	计算加速度
`    b=1./a;`	计算加速度倒数
`    avg_b=b(1:100)+diff(b)/2;`	计算小梯形高度
`    deta_t=diff(u).*avg_b;`	计算小梯形面积
`    t(i)=sum(deta_t,2)/3.6;`	所有小梯形面积相加
`end`	循环结束
`Pm=50:100;`	定义峰值功率范围
`T=double(t);`	定义数据结构
`plot(Pm,T);`	绘制加速时间-峰值功率曲线
`xlabel('功率/kW')`	x轴标注
`ylabel('加速时间/s')`	y轴标注
`figure(2)`	设置图形窗口2
`Pm=70;`	峰值功率赋值
`for i=1:701`	循环开始
`    m=1299+i;`	整车质量增量
`    u=0:100;`	设置起始速度和终了速度
`    Ft=3600*Pm*at./u;`	计算驱动力
`    F1=m*g*f+Cd*A*u.^2/21.15;`	计算行驶阻力
`    a=(Ft-F1)/(dt*m);`	计算加速度
`    b=1./a;`	计算加速度倒数
`    avg_b=b(1:100)+diff(b)/2;`	计算小梯形高度
`    deta_t=diff(u).*avg_b;`	计算小梯形面积
`    t(i)=sum(deta_t,2)/3.6;`	所有小梯形面积相加
`end`	循环结束
`m=1300:2000;`	定义整车质量范围
`T=double(t);`	定义数据结构
`plot(m,T);`	绘制加速时间-整车质量曲线
`xlabel('整车质量/kg')`	x轴标注
`ylabel('加速时间/s')`	y轴标注
`figure(3)`	设置图形窗口3
`m=1575;`	整车质量赋值
`u=0:100;`	设置起始速度和终了速度
`for i=1:81`	循环开始
`    Cd=0.2+0.01*(i-1);`	空气阻力系数增量
`    Ft=3600*Pm*at./u;`	计算驱动力
`    F1=m*g*f+Cd*A*u.^2/21.15;`	计算行驶阻力
`    a=(Ft-F1)/(dt*m);`	计算加速度
`    b=1./a;`	计算加速度倒数
`    avg_b=b(1:100)+diff(b)/2;`	计算小梯形高度
`    deta_t=diff(u).*avg_b;`	计算小梯形面积

程序	注释

`    t(i)=sum(deta_t,2)/3.6;`
`end`
`Cd=0.2:0.01:1;`
`T=double(t);`
`plot(Cd,T)`
`xlabel('空气阻力系数')`
`ylabel('加速时间/s')`
	所有小梯形面积相加
	循环结束
	定义空气阻力系数范围
	定义数据结构
	绘制加速时间-空气阻力系数曲线
	x 轴标注
	y 轴标注

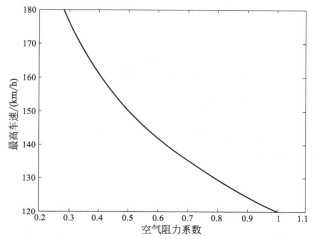

图 7-7　电动汽车最高车速与空气阻力系数的关系曲线

在 MATLAB 编辑器中输入这些程序,点击运行按钮,就可得到电动汽车加速时间与电机峰值功率、整车质量、空气阻力系数的关系曲线。从图 7-8 所示的电动汽车加速时间与电机峰值功率的关系曲线可以看出,电机峰值功率越大,电动汽车加速时间越短。

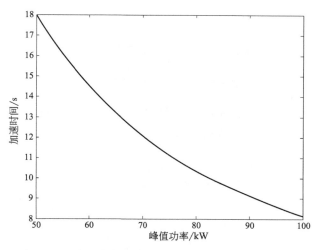

图 7-8　电动汽车加速时间与电机峰值功率的关系曲线

从图 7-9 所示的电动汽车加速时间与整车质量的关系曲线可以看出，整车质量越大，电动汽车加速时间越长。

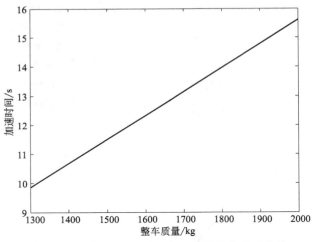

图 7-9　电动汽车加速时间与整车质量的关系曲线

从图 7-10 所示的电动汽车加速时间与空气阻力系数的关系曲线可以看出，空气阻力系数越大，电动汽车加速时间越长。

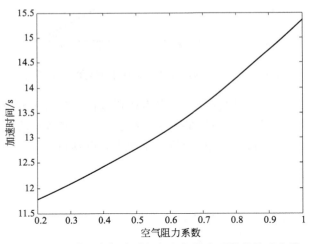

图 7-10　电动汽车加速时间与空气阻力系数的关系曲线

（3）对坡道起步能力的影响。根据最大爬坡度数学模型，编制分析电机峰值功率、整车质量、空气阻力系数对电动汽车最大爬坡度影响的 MATLAB 程序如下。

程序	注释
m＝1575;Cd＝0.3;A＝2.5;f＝0.012;at＝0.9;g＝9.8;	汽车参数赋值
figure(1)	设置图形窗口 1
Pm＝50:1:100;	定义峰值功率范围
u＝[50 70 90];	设置爬坡车速
for i＝1:3	循环开始

程序	注释
Ft=3600*Pm*at./u(i);	计算驱动力
Fw=Cd*A*u(i).^2/21.15;	计算空气阻力
D=(Ft-Fw)./m/g;	计算动力因数
I=asin((D-f.*(1-D.^2+f.^2).^0.5)./(1+f.^2));	计算坡度角
I1=tan(I)*100;	计算爬坡度
gss='-:--';	定义线型
plot(Pm,I1,[gss(2*i-1)gss(2*i)])	绘制最大爬坡度-电机峰值功率曲线
hold on	保存图形
end	循环结束
xlabel('峰值功率/kW')	x轴标注
ylabel('最大爬坡度/%')	y轴标注
legend('爬坡速度50km/h','爬坡速度70km/h','爬坡速度90km/h')	曲线标注
figure(2)	设置图形窗口2
Pm=70;	峰值功率赋值
m=1300:1:2000;	定义整车质量范围
u=[50 70 90];	设置爬坡车速
for i=1:3	循环开始
Ft=3600*Pm*at./u(i);	计算驱动力
Fw=Cd*A*u(i).^2/21.15;	计算空气阻力
D=(Ft-Fw)./m/g;	计算动力因数
I=asin((D-f.*(1-D.^2+f.^2).^0.5)./(1+f.^2));	计算坡度角
I1=tan(I)*100;	计算爬坡度
gss='-:--';	定义线型
plot(m,I1,[gss(2*i-1)gss(2*i)])	绘制最大爬坡度-整车质量曲线
hold on	保存图形
end	循环结束
xlabel('整车质量/kg')	x轴标注
ylabel('最大爬坡度/%')	y轴标注
legend('爬坡速度50km/h','爬坡速度70km/h','爬坡速度90km/h')	曲线标注
figure(3)	设置图形窗口3
m=1575;	整车质量赋值
Cd=0.2:0.01:1;	定义空气阻力系数范围
u=[50 70 90];	设置爬坡车速
for i=1:3	循环开始
Ft=3600*Pm*at./u(i);	计算驱动力
Fw=Cd*A*u(i).^2/21.15;	计算空气阻力
D=(Ft-Fw)./m/g;	计算动力因数
I=asin(D-f.*(1-D.^2+f.^2).^0.5)./(1+f.^2);	计算坡度角
I1=tan(I)*100;	计算爬坡度
gss='-:--';	定义线型

程序	注释
plot(Cd,I1,[gss(2*i-1)gss(2*i)])	绘制最大爬坡度-空气阻力系数曲线
hold on	保存图形
end	循环结束
xlabel('空气阻力系数')	x轴标注
ylabel('最大爬坡度/%')	y轴标注
legend('爬坡速度 50km/h','爬坡速度 70km/h','爬坡速度 90km/h')	曲线标注

在 MATLAB 编辑器中输入这些程序,点击运行按钮,就可得到电动汽车最大爬坡度与电机峰值功率、整车质量、空气阻力系数的关系曲线。从图 7-11 所示的电动汽车最大爬坡度与电机峰值功率的关系曲线可以看出,电机峰值功率越大,电动汽车最大爬坡度越大;爬坡速度越高,最大爬坡度越小。

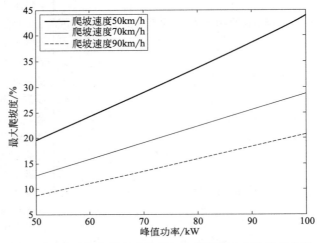

图 7-11 电动汽车最大爬坡度与电机峰值功率的关系曲线

从图 7-12 所示的电动汽车最大爬坡度与整车质量的关系曲线可以看出,整车质量越大,电动汽车最大爬坡度越小。

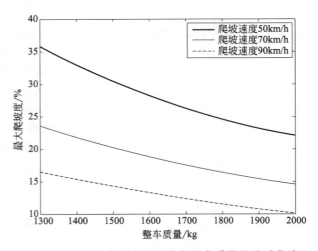

图 7-12 电动汽车最大爬坡度与整车质量的关系曲线

从图 7-13 所示的电动汽车最大爬坡度与空气阻力系数的关系曲线可以看出，空气阻力系数越大，电动汽车最大爬坡度越小。

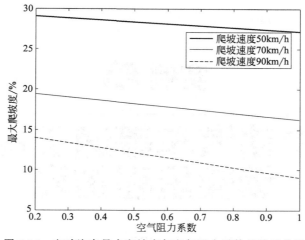

图 7-13　电动汽车最大爬坡度与空气阻力系数的关系曲线

实例 八

电动汽车等速工况续驶里程仿真

等速续驶里程是电动汽车电池组充满电后可连续等速行驶的里程,此项指标对于综合评价电动汽车电池组、电机及传动效率、电动汽车实用性具有积极意义。但此指标与电动汽车电池组装车容量及电池水平有关,在不同车型和装配不同容量电池组的同种车型间不具有可比性。即使装配相同容量同种电池的同一车型,续驶里程也受到电池管理系统、驱动电机、行驶阻力、轻量化及传动系统等因素影响而有一定的波动。

任务描述

主要任务：
1. 建立等速工况电动汽车续驶里程数学模型
2. 对等速工况电动汽车续驶里程进行仿真

电动汽车等速工况续驶里程仿真所需参数见表 8-1。

表 8-1 电动汽车等速工况续驶里程仿真所需参数

整车质量/kg	滚动阻力系数	空气阻力系数	迎风面积/m²	轮胎滚动半径/m
1200	0.012	0.28	2.0	0.3
电机效率	机械传动效率	电池放电效率	电池组容量/A·h	电池组额定电压/V
0.9	0.92	0.95	100	320

任务实施过程

1. 建立等速工况电动汽车续驶里程数学模型

电动汽车在良好的水平路面上一次充电后等速行驶直至消耗掉全部携带的电能为止所行驶的里程,称为等速行驶的续驶里程。它是电动汽车的经济性指标之一。

电动汽车在平坦道路上等速行驶时所需的功率为

$$P_\mathrm{d} = \frac{u}{3600\eta_\mathrm{d}\eta_\mathrm{j}}\left(mgf + \frac{C_\mathrm{D}Au^2}{21.15}\right) \tag{8-1}$$

式中,P_d 为电动汽车在平坦道路上等速行驶时所需的功率;u 为电动汽车等速行驶速度;m 为电动汽车整车质量;f 为滚动阻力系数;C_D 为空气阻力系数;A 为迎风面积;η_d 为电机效率;η_j 为机械传动效率。

电池携带的总能量为

$$E = Q_\mathrm{m}U_\mathrm{e} = G_\mathrm{e}q \tag{8-2}$$

式中,E 为电池携带的总能量;Q_m 为电池的额定容量;U_e 为电池的端电压;G_e 为电动汽车携带的电池总质量;q 为电池比能量。

电动汽车等速行驶续驶里程为

$$S_\mathrm{d} = \frac{Eu}{1000P_\mathrm{d}}\eta_\mathrm{e} = \frac{76.14 Q_\mathrm{m} U_\mathrm{e} \eta_\mathrm{d} \eta_\mathrm{j} \eta_\mathrm{e}}{21.15mgf + C_\mathrm{D}Au^2} \tag{8-3}$$

式中,S_d 为电动汽车等速行驶续驶里程;η_e 为电池放电效率。

2. 对等速工况电动汽车续驶里程进行仿真

根据表 8-1 中的数据和等速工况电动汽车续驶里程数学模型,编写等速工况电动汽车续驶里程仿真的 MATLAB 程序如下。

程序	注释
m=1200;f=0.012;Cd=0.28;A=2.0;nt=0.92;g=9.8;	汽车参数赋值
nd=0.9;	电机效率赋值
Ue=320;ne=0.95;	电池参数赋值
u=30:1:100;	定义行驶速度范围
Qm=[100 110 120];	设置电池额定容量
for i=1:3	循环开始
S=76.14*Qm(i)*Ue*nd*nt*ne./(21.15*m*g*f+Cd*A*u.^2);	计算续驶里程
figure(1)	设置图形窗口1
gss='-:--';	定义线型
plot(u,S,[gss(2*i-1) gss(2*i)])	绘制续驶里程曲线
hold on	保存图像
end	循环结束
xlabel('车速/(km/h)')	x 轴标注
ylabel('续驶里程/km')	y 轴标注
legend('电池容量100A.h','电池容量110A.h','电池容量120A.h')	曲线标注

程序	注释
`figure(2)`	设置图形窗口 2
`Qm=100;`	电池容量赋值
`m=[1000 1200 1400];`	设置整车质量
`for i=1:3`	循环开始
`S=76.14*Qm*Ue*nd*nt*ne./(21.15*m(i)*g*f+Cd*A*u.^2);`	计算续驶里程
`gss='-:--';`	定义线型
`plot(u,S,[gss(2*i-1)gss(2*i)])`	绘制续驶里程曲线
`hold on`	保存图像
`end`	循环结束
`xlabel('车速/(km/h)')`	x 轴标注
`ylabel('续驶里程/km')`	y 轴标注
`legend('整车质量1000kg','整车质量1200kg','整车质量1400kg')`	曲线标注
`figure(3)`	设置图形窗口 3
`Qm=100;`	电池容量赋值
`m=1200;`	整车质量赋值
`f=[0.01 0.012 0.014];`	设置滚动阻力系数
`for i=1:3`	循环开始
`S=76.14*Qm*Ue*nd*nt*ne./(21.15*m*g*f(i)+Cd*A*u.^2);`	计算续驶里程
`gss='-:--';`	定义线型
`plot(u,S,[gss(2*i-1)gss(2*i)])`	绘制续驶里程曲线
`hold on`	保存图像
`end`	循环结束
`xlabel('车速/(km/h)')`	x 轴标注
`ylabel('续驶里程/km')`	y 轴标注
`legend('滚动阻力系数0.01','滚动阻力系数0.012','滚动阻力系数0.014')`	曲线标注
`figure(4)`	设置图形窗口 4
`Qm=100;`	电池容量赋值
`f=0.012;`	滚动阻力系数赋值
`Cd=[0.24 0.28 0.32];`	设置空气阻力系数
`for i=1:3`	循环开始
`S=76.14*Qm*Ue*nd*nt*ne./(21.15*m*g*f+Cd(i)*A*u.^2);`	计算续驶里程
`gss='-:--';`	定义线型
`plot(u,S,[gss(2*i-1)gss(2*i)])`	绘制续驶里程曲线
`hold on`	保存图像
`end`	循环结束
`xlabel('车速/(km/h)')`	x 轴标注
`ylabel('续驶里程/km')`	y 轴标注
`legend('空气阻力系数0.24','空气阻力系数0.28','空气阻力系数0.32')`	曲线标注
`figure(5)`	设置图形窗口 5
`Qm=100;`	电池容量赋值
`Cd=0.28;`	空气阻力系数赋值
`nd=[0.85 0.90 0.95];`	设置电机效率

程序	注释
`for i=1:3`	循环开始
`S=76.14*Qm*Ue*nd(i)*nt*ne./(21.15*m*g*f+Cd*A*u.^2);`	计算续驶里程
`gss='-:--';`	定义线型
`plot(u,S,[gss(2*i-1)gss(2*i)])`	绘制续驶里程曲线
`hold on`	保存图像
`end`	循环结束
`xlabel('车速/(km/h)')`	x 轴标注
`ylabel('续驶里程/km')`	y 轴标注
`legend('电机效率 0.85','电机效率 0.90','电机效率 0.95')`	曲线标注
`figure(6)`	设置图形窗口 6
`nd=0.9;`	电机效率赋值
`nt=[0.88 0.92 0.96];`	设置机械传动效率
`for i=1:3`	循环开始
`S=76.14*Qm*Ue*nd*nt(i)*ne./(21.15*m*g*f+Cd*A*u.^2);`	计算续驶里程
`gss='-:--';`	定义线型
`plot(u,S,[gss(2*i-1)gss(2*i)])`	绘制续驶里程曲线
`hold on`	保存图像
`end`	循环结束
`xlabel('车速/(km/h)')`	x 轴标注
`ylabel('续驶里程/km')`	y 轴标注
`legend('机械传动效率 0.88','机械传动效率 0.92','机械传动效率 0.96')`	曲线标注
`figure(7)`	设置图形窗口 7
`nt=0.92;`	机械传动效率赋值
`ne=[0.90 0.95 1.00];`	设置电池放电效率
`for i=1:3`	循环开始
`S=76.14*Qm*Ue*nd*nt*ne(i)./(21.15*m*g*f+Cd*A*u.^2);`	计算续驶里程
`gss='-:--';`	定义线型
`plot(u,S,[gss(2*i-1)gss(2*i)])`	绘制续驶里程曲线
`hold on`	保存图像
`end`	循环结束
`xlabel('车速/(km/h)')`	x 轴标注
`ylabel('续驶里程/km')`	y 轴标注
`legend('电池放电效率 0.90','电池放电效率 0.95','电池放电效率 1.00')`	曲线标注

在 MATLAB 编辑器中输入这些程序，点击运行按钮，可以得到不同影响因素下的电动汽车续驶里程随车速的变化曲线，如图 8-1～图 8-7 所示。

图 8-1 所示为电池容量对续驶里程的影响。可以看出，电池容量越大，续驶里程越长；车速越高，续驶里程越短。

图 8-2 所示为电动汽车整车质量对续驶里程的影响。可以看出，电动汽车整车质量越小，续驶里程越长。因此，应该采用轻量化技术，降低整车质量，延长续驶里程。

图 8-3 所示为滚动阻力系数对续驶里程的影响。可以看出，滚动阻力系数越小，续驶里程越长。因此，应该采用滚动阻力小的轮胎，延长续驶里程。

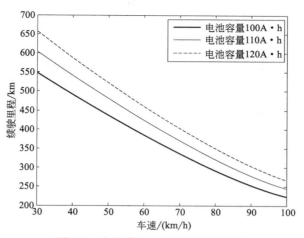

图 8-1 电池容量对续驶里程的影响

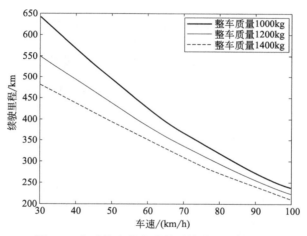

图 8-2 电动汽车整车质量对续驶里程的影响

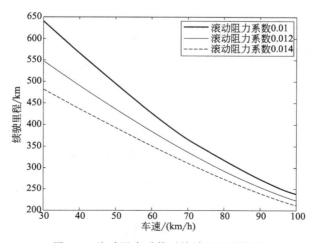

图 8-3 滚动阻力系数对续驶里程的影响

图 8-4 所示为空气阻力系数对续驶里程的影响。可以看出，空气阻力系数越小，续驶里程越长。因此，应该优化电动汽车造型设计，降低空气阻力系数，延长续驶里程。

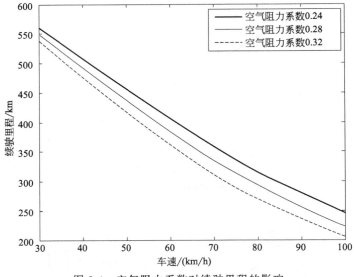

图 8-4　空气阻力系数对续驶里程的影响

图 8-5 所示为电机效率对续驶里程的影响。可以看出，电机效率越高，续驶里程越长。因此，应该提高电机效率，延长续驶里程。

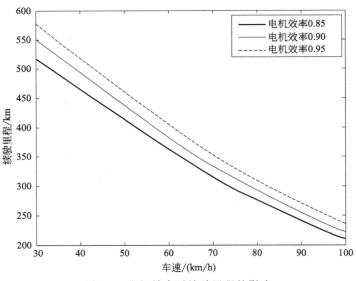

图 8-5　电机效率对续驶里程的影响

图 8-6 所示为机械传动效率对续驶里程的影响。可以看出，机械传动效率越高，续驶里程越长。因此，应该提高机械传动效率，延长续驶里程。

图 8-7 所示为电池放电效率对续驶里程的影响。可以看出，电池放电效率越高，续驶里程越长。因此，应该提高电池放电效率，延长续驶里程。

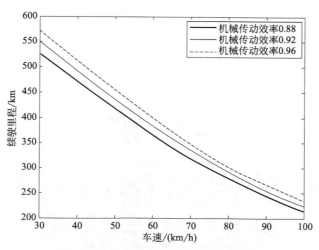

图 8-6　机械传动效率对续驶里程的影响

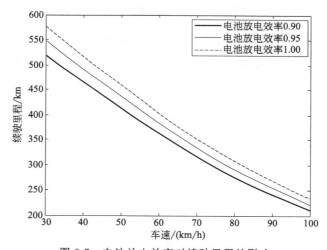

图 8-7　电池放电效率对续驶里程的影响

实例 九

电动汽车循环工况续驶里程仿真

GB/T 18386—2017《电动汽车 能量消耗率和续驶里程 试验方法》中规定了电动汽车续驶里程的试验方法,其工况包括 NEDC 工况和等速 60km/h 工况。

循环工况续驶里程是指充满电后,基于 NEDC 工况行驶,其所能实现的最大行驶里程。

实例九　电动汽车循环工况续驶里程仿真

任务描述

主要任务：
1. 建立循环工况电动汽车续驶里程数学模型
2. 对循环工况电动汽车续驶里程进行仿真

电动汽车循环工况续驶里程仿真所需参数见表 9-1。

表 9-1　电动汽车循环工况续驶里程仿真所需参数

整车质量/kg	滚动阻力系数	空气阻力系数	迎风面积/m²
1300	0.012	0.28	2.0
轮胎滚动半径/m	电机效率	机械传动效率	电池放电效率
0.3	0.9	0.92	0.95
旋转质量换算系数	电池组容量/A·h	电池组额定电压/V	
1.1	100	320	

1. 建立循环工况电动汽车续驶里程数学模型

电动汽车 NEDC 循环工况由四个市区循环和一个市郊循环组成,理论试验距离为 11.022km,试验时间为 1180s,如图 9-1 所示。

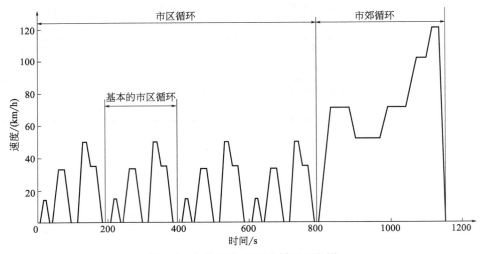

图 9-1 电动汽车 NEDC 循环工况图

电动汽车运行工况主要包括等速、加速、减速、停车,分别建立这些工况下的电动汽车续驶里程数学模型。

(1) 等速行驶工况的电动汽车续驶里程。电动汽车在平坦道路上等速行驶时所需的功率为

$$P_d = \frac{u}{3600\eta_d\eta_j}\left(mgf + \frac{C_D A u^2}{21.15}\right) \tag{9-1}$$

式中,P_d 为电动汽车在平坦道路上等速行驶时所需的功率;u 为等速行驶速度;m 为电动汽车整车质量;f 为滚动阻力系数;C_D 为空气阻力系数;A 为迎风面积;η_d 为电机效率;η_j 为机械传动效率。

等速行驶工况动力电池所消耗的能量为

$$E_d = \frac{P_d S_d}{u \eta_e} \tag{9-2}$$

式中,E_d 为等速行驶工况动力电池所消耗的能量;S_d 为电动汽车等速行驶里程;η_e 为电池放电效率。

电动汽车等速行驶里程为

$$S_d = \frac{ut}{3600} \tag{9-3}$$

式中,t 为汽车等速行驶时间。

(2) 加速行驶工况的电动汽车续驶里程。电动汽车在平坦道路上加速行驶时所需求的功

率为

$$P_j = \frac{u(t)}{3600\eta_d\eta_j}\left[mgf + \frac{C_DAu^2(t)}{21.15} + \delta ma_j\right] \tag{9-4}$$

式中，P_j 为电动汽车在平坦道路上加速行驶时所需的功率；$u(t)$ 为电动汽车加速行驶速度；δ 为电动汽车旋转质量换算系数；a_j 为电动汽车加速度。

电动汽车加速行驶速度为

$$u(t) = u_0 + 3.6a_j t \tag{9-5}$$

式中，u_0 为加速起始速度。

加速行驶工况动力电池所消耗的能量为

$$E_j = \frac{P_j S_j}{u(t)\eta_e} \tag{9-6}$$

式中，E_j 为加速行驶工况动力电池所消耗的能量；S_j 为电动汽车加速行驶里程。

电动汽车加速行驶里程为

$$S_j = \frac{u_j^2 - u_0^2}{25920 a_j} \tag{9-7}$$

式中，u_j 为加速终了速度。

对于减速工况，电动汽车减速行驶包含两种情况：一种是滑行减速或无再生制动功能下的制动减速，此时电动机处于关断状态，电能输出为零，动力电池能量消耗为零；另一种是有再生制动功能下的制动减速，此时车轮拖动电动机，电动机处于发电机工作状态，电动汽车能量消耗为负，即动力电池处于充电工作状态。

对于停车工况，电动机处于关断状态，动力电池能量消耗为零。

因此，动力电池能量消耗主要发生在加速和等速运行工况，减速和停车阶段能量消耗可忽略不计，而且不考虑制动能量回收。

市区基本循环试验参数见表 9-2。

表 9-2 市区基本循环试验参数

运转次序	操作状态	工况序号	加速度/(m/s²)	速度/(km/h)	操作时间/s	工况时间/s	累计时间/s
1	停车	1	0.00	0	11	11	11
2	加速	2	1.04	0→15	4	4	15
3	等速	3	0.00	15	8	8	23
4	减速	4	−0.83	15→0	5	5	28
5	停车	5	0.00	0	21	21	49
6	加速	6	0.69	0→15	6	12	55
7	加速		0.79	15→32	6		61
8	等速	7	0.00	32	24	24	85
9	减速	8	−0.81	32→0	11	11	96
10	停车	9	0.00	0	21	21	117
11	加速	10	0.69	0→15	6	26	123
12	加速		0.51	15→35	11		134
13	加速		0.46	35→50	9		143

续表

运转次序	操作状态	工况序号	加速度/(m/s²)	速度/(km/h)	操作时间/s	工况时间/s	累计时间/s
14	等速	11	0.00	50	12	12	155
15	减速	12	−0.52	50→35	8	8	163
16	等速	13	0.00	35	15	15	178
17	减速	14	−0.97	35→0	10	10	188
18	停车	15	0.00	0	7	7	195

市郊循环试验参数见表 9-3。

表 9-3 市郊循环试验参数

运转次序	操作状态	工况序号	加速度/(m/s²)	速度/(km/h)	操作时间/s	工况时间/s	累计时间/s
1	停车	1	0.00	0	20	20	20
2	加速		0.69	0→15	6		26
3	加速	2	0.51	15→35	11	41	37
4	加速		0.42	35→50	10		47
5	加速		0.40	50→70	14		61
6	等速	3	0.00	70	50	50	111
7	减速	4	−0.69	70→50	8	8	119
8	等速	5	0.00	50	69	69	188
9	加速	6	0.43	50→70	13	13	201
10	等速	7	0.00	70	50	50	251
11	加速	8	0.24	70→100	35	35	286
12	等速	9	0.00	100	30	30	316
13	加速	10	0.28	100→120	20	20	336
14	等速	11	0.00	120	10	10	346
15	减速		−0.69	120→80	16		362
16	减速	12	−1.04	80→50	8	34	370
17	减速		−1.39	50→0	10		380
18	停车	13	0.00	0	20	20	400

电池携带的总能量为

$$E = \frac{Q_m U_e}{1000} \tag{9-8}$$

式中，E 为电池携带的总能量；Q_m 为电池的额定容量；U_e 为电池的端电压。
一个 NEDC 循环工况的行驶里程为

$$S_1 = \sum_{i=1}^{k} S_i \tag{9-9}$$

式中，S_1 为一个 NEDC 循环工况的行驶里程；S_i 为每个状态行驶的距离；k 为电动汽车能够完成的状态总数。

一个 NEDC 循环工况行驶动力电池所消耗的能量为

$$E_1 = \sum_{i=1}^{k} E_i \tag{9-10}$$

式中，E_1 为一个 NEDC 循环工况行驶动力电池所消耗的能量；E_i 为每个状态动力电池所消耗的能量。

电动汽车循环工况续驶里程为

$$S = \frac{S_1 E}{E_1} \tag{9-11}$$

式中，S 为电动汽车循环工况续驶里程。

2. 对循环工况电动汽车续驶里程进行仿真

根据表 9-2 和表 9-3 中的数据及循环工况电动汽车续驶里程数学模型，编写循环工况电动汽车续驶里程仿真的 MATLAB 程序如下。

程序	注释
m=1200;f=0.012;Cd=0.28;A=2.0;dt=1.1;nd=0.9;nt=0.92;g=9.8;	汽车参数赋值
Ue=320;Ce=100;ne=0.95;	电池参数赋值
m=1000:100:1500;	定义整车质量范围
uj1=15;u01=0;aj1=1.04;	速度和加速度赋值
Sj1=(uj1^2-u01^2)/25920/aj1;	计算行驶距离
Pj1=uj1*(m*g*f+Cd*A*uj1^2/21.15+dt*m*aj1)/3600/nd/nt;	计算需求功率
Ej1=Pj1*Sj1/uj1/ne;	计算能量消耗
ud1=15;t1=8;	行驶速度和时间赋值
Sd1=ud1*t1/3600;	计算行驶距离
Pd1=ud1*(m*g*f+Cd*A*ud1^2/21.15)/3600/nd/nt;	计算需求功率
Ed1=Pd1*Sd1/ud1/ne;	计算能量消耗
uj2=0;u02=15;aj2=-0.83;	速度和减速度赋值
Sj2=(uj2^2-u02^2)/25920/aj2;	计算行驶距离
uj3=15;u03=0;aj3=0.69;	速度和加速度赋值
Sj3=(uj3^2-u03^2)/25920/aj3;	计算行驶距离
Pj3=uj3*(m*g*f+Cd*A*uj3^2/21.15+dt*m*aj3)/3600/nd/nt;	计算需求功率
Ej3=Pj3*Sj3/uj3/ne;	计算能量消耗
uj4=32;u04=15;aj4=0.79;	速度和加速度赋值
Sj4=(uj4^2-u04^2)/25920/aj4;	计算行驶距离
Pj4=uj4*(m*g*f+Cd*A*uj4^2/21.15+dt*m*aj4)/3600/nd/nt;	计算需求功率
Ej4=Pj4*Sj4/uj4/ne;	计算能量消耗
ud2=32;t2=24;	行驶速度和时间赋值
Sd2=ud2*t2/3600;	计算行驶距离
Pd2=ud2*(m*g*f+Cd*A*ud2^2/21.15)/3600/nd/nt;	计算需求功率
Ed2=Pd2*Sd2/ud2/ne;	计算能量消耗
uj5=0;u05=32;aj5=-0.81;	速度和减速度赋值
Sj5=(uj5^2-u05^2)/25920/aj5;	计算行驶距离
uj6=15;u06=0;aj6=0.69;	速度和加速度赋值

程序	注释
Sj6=(uj6^2-u06^2)/25920/aj6;	计算行驶距离
Pj6=uj6*(m*g*f+Cd*A*uj6^2/21.15+dt*m*aj6)/3600/nd/nt;	计算需求功率
Ej6=Pj6*Sj6/uj6/ne;	计算能量消耗
uj7=35;u07=15;aj7=0.51;	速度和加速度赋值
Sj7=(uj7^2-u07^2)/25920/aj7;	计算行驶距离
Pj7=uj7*(m*g*f+Cd*A*uj7^2/21.15+dt*m*aj7)/3600/nd/nt;	计算需求功率
Ej7=Pj7*Sj7/uj7/ne;	计算能量消耗
uj8=50;u08=35;aj8=0.46;	速度和加速度赋值
Sj8=(uj8^2-u08^2)/25920/aj8;	计算行驶距离
Pj8=uj8*(m*g*f+Cd*A*uj8^2/21.15+dt*m*aj8)/3600/nd/nt;	计算需求功率
Ej8=Pj8*Sj8/uj8/ne;	计算能量消耗
ud3=50;t3=12;	行驶速度和时间赋值
Sd3=ud3*t3/3600;	计算行驶距离
Pd3=ud3*(m*g*f+Cd*A*ud3^2/21.15)/3600/nd/nt;	计算需求功率
Ed3=Pd3*Sd3/ud3/ne;	计算能量消耗
uj9=35;u09=50;aj9=-0.52;	速度和减速度赋值
Sj9=(uj9^2-u09^2)/25920/aj9;	计算行驶距离
ud4=35;t4=15;	行驶速度和时间赋值
Sd4=ud4*t4/3600;	计算行驶距离
Pd4=ud4*(m*g*f+Cd*A*ud4^2/21.15)/3600/nd/nt;	计算需求功率
Ed4=Pd4*Sd4/ud4/ne;	计算能量消耗
uj10=0;u010=35;aj10=-0.97;	速度和减速度赋值
Sj10=(uj10^2-u010^2)/25920/aj10;	计算行驶距离
S11=Sj1+Sj2+Sj3+Sj4+Sj5+Sj6+Sj7+Sj8+Sj9+Sj10+Sd1+Sd2+Sd3+Sd4;	计算市区基本循环行驶距离
E11=Ej1+Ej3+Ej4+Ej6+Ej7+Ej8+Ed1+Ed2+Ed3+Ed4;	计算市区基本循环能量消耗
S10=4*S11;	计算市区循环行驶距离
E10=4*E11;	计算市区循环能量消耗
uj11=15;u011=0;aj11=0.69;	速度和加速度赋值
Sj11=(uj11^2-u011^2)/25920/aj11;	计算行驶距离
Pj11=uj11*(m*g*f+Cd*A*uj11^2/21.15+dt*m*aj11)/3600/nd/nt;	计算需求功率
Ej11=Pj11*Sj11/uj11/ne;	计算能量消耗
uj12=35;u012=15;aj12=0.51;	速度和加速度赋值
Sj12=(uj12^2-u012^2)/25920/aj12;	计算行驶距离
Pj12=uj12*(m*g*f+Cd*A*uj12^2/21.15+dt*m*aj12)/3600/nd/nt;	计算需求功率
Ej12=Pj12*Sj12/uj12/ne;	计算能量消耗
uj13=50;u013=35;aj13=0.42;	速度和加速度赋值
Sj13=(uj13^2-u013^2)/25920/aj13;	计算行驶距离
Pj13=uj13*(m*g*f+Cd*A*uj13^2/21.15+dt*m*aj13)/3600/nd/nt;	计算需求功率

程序	注释
Ej13=Pj13*Sj13/uj13/ne;	计算能量消耗
uj14=70;u014=50;aj14=0.40;	速度和加速度赋值
Sj14=(uj14^2-u014^2)/25920/aj14;	计算行驶距离
Pj14=uj14*(m*g*f+Cd*A*uj14^2/21.15+dt*m*aj14)/3600/nd/nt;	计算需求功率
Ej14=Pj14*Sj14/uj14/ne;	计算能量消耗
ud5=70;t5=50;	行驶速度和时间赋值
Sd5=ud5*t5/3600;	计算行驶距离
Pd5=ud5*(m*g*f+Cd*A*ud5^2/21.15)/3600/nd/nt;	计算需求功率
Ed5=Pd5*Sd5/ud5/ne;	计算能量消耗
uj15=50;u015=70;aj15=-0.69;	速度和减速度赋值
Sj15=(uj15^2-u015^2)/25920/aj15;	计算行驶距离
ud6=50;t6=69;	行驶速度和时间赋值
Sd6=ud6*t6/3600;	计算行驶距离
Pd6=ud6*(m*g*f+Cd*A*ud6^2/21.15)/3600/nd/nt;	计算需求功率
Ed6=Pd6*Sd6/ud6/ne;	计算能量消耗
uj16=70;u016=50;aj16=0.43;	速度和加速度赋值
Sj16=(uj16^2-u016^2)/25920/aj16;	计算行驶距离
Pj16=uj16*(m*g*f+Cd*A*uj16^2/21.15+dt*m*aj16)/3600/nd/nt;	计算需求功率
Ej16=Pj16*Sj16/uj16/ne;	计算能量消耗
ud7=70;t7=50;	行驶速度和时间赋值
Sd7=ud7*t7/3600;	计算行驶距离
Pd7=ud7*(m*g*f+Cd*A*ud7^2/21.15)/3600/nd/nt;	计算需求功率
Ed7=Pd7*Sd7/ud7/ne;	计算能量消耗
uj17=100;u017=70;aj17=0.24;	速度和加速度赋值
Sj17=(uj17^2-u017^2)/25920/aj17;	计算行驶距离
Pj17=uj17*(m*g*f+Cd*A*uj17^2/21.15+dt*m*aj17)/3600/nd/nt;	计算需求功率
Ej17=Pj17*Sj17/uj17/ne;	计算能量消耗
ud8=100;t8=30;	行驶速度和时间赋值
Sd8=ud8*t8/3600;	计算行驶距离
Pd8=ud8*(m*g*f+Cd*A*ud8^2/21.15)/3600/nd/nt;	计算需求功率
Ed8=Pd8*Sd8/ud8/ne;	计算能量消耗
uj18=120;u018=100;aj18=0.28;	速度和加速度赋值
Sj18=(uj18^2-u018^2)/25920/aj18;	计算行驶距离
Pj18=uj18*(m*g*f+Cd*A*uj18^2/21.15+dt*m*aj18)/3600/nd/nt;	计算需求功率
Ej18=Pj18*Sj18/uj18/ne;	计算能量消耗
ud9=120;t9=10;	行驶速度和时间赋值
Sd9=ud9*t9/3600;	计算行驶距离
Pd9=ud9*(m*g*f+Cd*A*ud9^2/21.15)/3600/nd/nt;	计算需求功率

程序	注释
Ed9=Pd9*Sd9/ud9/ne;	计算能量消耗
uj19=80;u019=120;aj19=-0.69;	速度和减速度赋值
Sj19=(uj19^2-u019^2)/25920/aj19;	计算行驶距离
uj20=50;u020=80;aj20=-1.04;	速度和减速度赋值
Sj20=(uj20^2-u020^2)/25920/aj20;	计算行驶距离
uj21=0;u021=50;aj21=-1.39;	速度和减速度赋值
Sj21=(uj21^2-u021^2)/25920/aj21;	计算行驶距离
S20=Sj11+Sj12+Sj13+Sj14+Sj15+Sj16+Sj17+Sj18+Sj19+Sj20+Sj21+Sd5+Sd6+Sd7+Sd8+Sd9;	计算市郊循环行驶距离
E20=Ej11+Ej12+Ej13+Ej14+Ej16+Ej17+Ej18+Ed5+Ed6+Ed7+Ed8+Ed9;	计算市郊循环能量消耗
E=Ue*Ce/1000;	计算电池能量
S1=S10+S20;	计算NEDC循环行驶距离
E1=E10+E20;	计算NEDC循环能量消耗
S=S1*E./E1;	计算循环工况续驶里程
plot(m,S)	绘制续驶里程-整车质量曲线
xlabel('整车质量/kg')	x轴标注
ylabel('续驶里程/km')	y轴标注

在MATLAB编辑器中输入这些程序,点击运行按钮,可以得到电动汽车续驶里程随整车质量变化的曲线,如图9-2所示。可以看出,整车质量越大,续驶里程越短。因此,应采用轻量化技术降低整车质量,提高续驶里程。

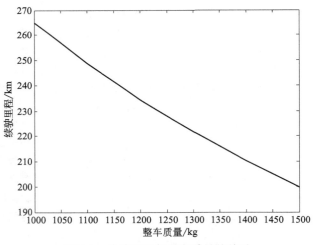

图9-2 续驶里程与整车质量的关系

同理可求滚动阻力系数、空气阻力系数、机械传动效率、电机效率、电池放电效率、电池能量等对续驶里程的影响。

图9-3所示为电动汽车续驶里程随滚动阻力系数变化的曲线。可以看出,滚动阻力系数越小,续驶里程越长。因此,应该采用滚动阻力小的轮胎,延长续驶里程。

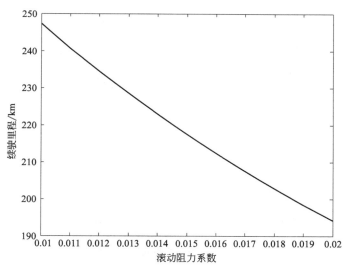

图 9-3　续驶里程与滚动阻力系数的关系

图 9-4 所示为电动汽车续驶里程随空气阻力系数变化的曲线。可以看出，空气阻力系数越小，续驶里程越长。因此，应该优化电动汽车造型设计，降低空气阻力系数，延长续驶里程。

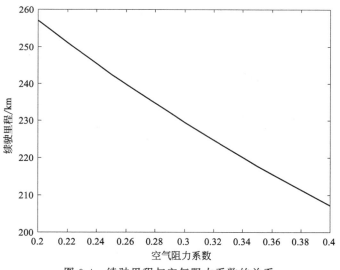

图 9-4　续驶里程与空气阻力系数的关系

图 9-5 所示为电动汽车续驶里程随机械传动效率变化的曲线。可以看出，机械传动效率越高，续驶里程越长。

图 9-6 所示为电动汽车续驶里程随电机效率变化的曲线。可以看出，电机效率越高，续驶里程越长。

图 9-7 所示为电动汽车续驶里程随电池放电效率变化的曲线。可以看出，电池放电效率越高，续驶里程越长。

图 9-8 所示为电动汽车续驶里程随电池能量变化的曲线。可以看出，电池能量越高，续驶里程越长。

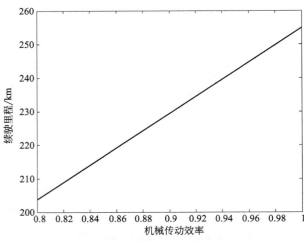

图 9-5　续驶里程与机械传动效率的关系

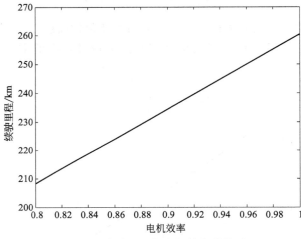

图 9-6　续驶里程与电机效率的关系

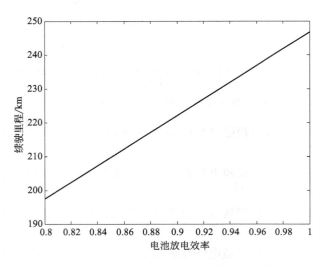

图 9-7　续驶里程与电池放电效率的关系

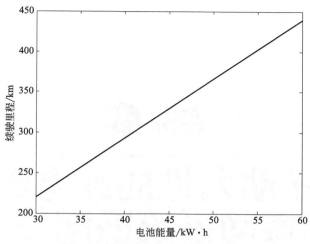

图 9-8 续驶里程与电池能量的关系

实例 10

基于动力性的纯电动汽车传动系统匹配仿真

纯电动汽车传动系统主要包括驱动电机和变速装置,其动力性主要与驱动电机参数和变速装置传动比有关,因此,为了满足纯电动汽车的动力性,需要对驱动电机参数和变速装置传动比进行合理匹配。

任务描述

主要任务：

1. 建立驱动电机匹配数学模型
2. 利用 MATLAB 匹配驱动电机参数
3. 建立二挡变速器传动比匹配数学模型
4. 利用 MATLAB 匹配二挡变速器传动比
5. 建立纯电动汽车动力性数学模型
6. 利用 MATLAB 仿真纯电动汽车动力性

基于动力性的纯电动汽车传动系统匹配仿真所需参数见表 10-1。

表 10-1 基于动力性的纯电动汽车传动系统匹配仿真所需参数

整车质量/kg	滚动阻力系数	空气阻力系数	迎风面积/m^2	轮胎滚动半径/m
1500	0.012	0.33	2.16	0.281
旋转质量换算系数	传动系统效率	主减速器传动比	汽车质心至后轴距离/m	汽车轴距/m
1.05(一挡),1.27(二挡)	0.92	4.55	1.6	2.8

纯电动汽车设计目标：最高车速不低于 110km/h；最大爬坡度不低于 20°；百公里加速时间不超过 15s。

任务实施过程

1. 建立驱动电机匹配数学模型

驱动电机参数主要包括电机的额定功率、峰值功率、额定转矩、峰值转矩、额定转速、最高转速及额定电压等。

电机是电动汽车行驶的动力源,对整车的动力性有直接影响。所选的电机功率越大,整车的动力性也就越好,但是如果功率过大,电机的质量和体积也会增大,且电机的工作效率不高,这样就不能充分利用有限的车载能源,从而使续驶里程降低。电机功率参数匹配通常依据电动汽车的最高车速、最大爬坡度和加速性能。

(1) 根据电动汽车最高车速确定电机功率。电机的额定功率应不小于电动汽车以最高车速行驶时行驶阻力消耗的功率之和,电动汽车以最高车速在平坦道路上行驶所需的电机功率为

$$P_{m1} = \frac{u_{max}}{3600\eta_t}\left(mgf + \frac{C_D A u_{max}^2}{21.15}\right) \quad (10\text{-}1)$$

式中,P_{m1} 为电动汽车以最高车速行驶所需的电机功率;m 为整车质量;f 为滚动阻力系数;C_D 为迎风阻力系数;A 为迎风面积;u_{max} 为最高车速;η_t 为传动系统效率。

(2) 根据电动汽车最大爬坡度确定电机功率。电动汽车以某一车速爬上最大坡度所需的电机功率为

$$P_{m2} = \frac{u_p}{3600\eta_t}\left(mgf\cos\alpha_{max} + mg\sin\alpha_{max} + \frac{C_D A u_p^2}{21.15}\right) \quad (10\text{-}2)$$

式中,P_{m2} 为电动汽车以某一车速爬上最大坡度所需的电机功率;u_p 为电动汽车爬坡速度;α_{max} 为最大坡度角。

(3) 根据电动汽车加速性能确定电机功率。电动汽车在水平道路上加速行驶所需的电机功率为

$$P_{m3} = \frac{u}{3600\eta_t}\left(mgf + \frac{C_D A}{21.15}u^2 + \delta m \frac{du}{dt}\right) \quad (10\text{-}3)$$

式中,P_{m3} 为电动汽车在水平道路上加速行驶所需的电机功率;δ 为电动汽车旋转质量换算系数;u 为电动汽车行驶速度;$\frac{du}{dt}$ 为电动汽车行驶加速度。

电动汽车由静止起步加速过程中,行驶速度为

$$u = u_e \left(\frac{t}{t_e}\right)^{0.5} \quad (10\text{-}4)$$

式中,u_e 为加速终止时的速度;t_e 为加速时间。

满足电动汽车加速时间所需的电机功率为

$$P_{m3} = \frac{1}{3600\eta_t}\left(mgf\frac{u_e}{1.5} + \frac{C_D A u_e^3}{52.875} + \delta m \frac{u_e^2}{7.2t_e}\right) \quad (10\text{-}5)$$

电机的额定功率应满足电动汽车对最高车速的要求,峰值功率应能同时满足电动汽车对最高车速、最大爬坡度和加速时间的要求。因此,电动汽车电机的额定功率和峰值功率分

别为

$$P_e \geqslant P_{m1} \tag{10-6}$$

$$P_{emax} \geqslant \max(P_{m1} \quad P_{m2} \quad P_{m3}) \tag{10-7}$$

式中，P_e 为电机的额定功率；P_{emax} 为电机的峰值功率。

电机的峰值功率与额定功率的关系为

$$P_{emax} = \lambda P_e \tag{10-8}$$

式中，λ 为电机的过载系数。

电动汽车最高车速与电机最高转速之间的关系为

$$n_{max} = \frac{u_{max} i_{max}}{0.377r} \tag{10-9}$$

式中，n_{max} 为电机的最高转速；i_{max} 为传动系统最大传动比，是变速器最大传动比和主减速器传动比的乘积；r 为轮胎滚动半径。

电机的额定转速为

$$n_e = \frac{n_{max}}{\beta} \tag{10-10}$$

式中，n_e 为电机的额定转速；β 为电机扩大恒功率区系数。

β 值越大，转速越低，转矩越高，有利于提高车辆的加速和爬坡性能，稳定运行性能越好，但同时功率变换器尺寸也会越大，因此 β 值不宜过高。β 通常取值为 2~4。

电机的额定转矩为

$$T_e = \frac{9550 P_e}{n_e} \tag{10-11}$$

式中，T_e 为电机的额定转矩。

电机的峰值转矩应满足电动汽车启动转矩和最大爬坡角的要求，同时结合传动系统最大传动比来确定。

$$T_{emax} \geqslant \frac{mg(f\cos\alpha_{max} + \sin\alpha_{max})r}{\eta_t i_{max}} \tag{10-12}$$

式中，T_{emax} 为电机的峰值转矩；i_{max} 为传动系统最大传动比。

电机的额定电压与电机的额定功率成正比，额定功率越大，额定电压也就越大。电机的额定电压选择与电动汽车电池组的电压有密切的关系，要选择合适的电池组的电压和电流以满足整车能源的需要，不过最终都是由所选取的电机的参数来决定额定电压。

2. 利用 MATLAB 匹配驱动电机参数

利用驱动电机功率数学模型，编写驱动电机功率匹配的 MATLAB 程序如下。

程序	注释
m=1500;g=9.8;f=0.012;Cd=0.33;A=2.16;r=0.281;at=0.92;	汽车参数赋值
figure(1)	设置图形窗口1
u=0:5:120;	定义最高车速范围
Pm1=u.*(m*g*f+Cd*A*u.^2/21.15)/3600/at;	根据最高车速计算电机功率
plot(u,Pm1)	绘制电机功率-最高车速曲线
xlabel('最高车速/(km/h)')	x轴标注

程序	注释
ylabel('电机功率/kW')	y轴标注
figure(2)	设置图形窗口2
af1=10:1:40;	定义最大爬坡度范围
af=atan(af1*pi/180);	转换最大爬坡度
up=[20 40 60];	设置爬坡速度
for i=1:3	循环开始
Pm2=up(i).*(m*g*f*cos(af)+m*g*sin(af)+Cd*A*up(i).^2/21.15)/3600/at;	根据最大爬坡度计算电机功率
gss='-;--';	定义线型
plot(af1,Pm2,[gss(2*i-1)gss(2*i)])	绘制电机功率-爬坡度曲线
hold on	保存图形
end	循环结束
xlabel('爬坡度/(°)')	x轴标注
ylabel('电机功率/kW')	y轴标注
legend('爬坡速度20km/h','爬坡速度40km/h','爬坡速度60km/h')	曲线标注
figure(3)	设置图形窗口3
ue=100;	加速终止速度赋值
dt=1.05;	旋转质量换算系数赋值
te=5:0.1:20;	定义加速时间范围
Pm3=(m*g*f*ue./1.5+Cd*A*ue^3./52.875+dt*m*ue^2./te./7.2)./3600/at;	根据加速时间计算电机功率
plot(te,Pm3)	绘制电机功率-加速时间曲线
xlabel('加速时间/s')	x轴标注
ylabel('电机功率/kW')	y轴标注
af=atan(20*pi/180);	最大爬坡度赋值
Pm11=110*(m*g*f+Cd*A*110^2/21.15)/3600/at;	计算电机功率1
Pm22=20*(m*g*f*cos(af)+m*g*sin(af)+Cd*A*15^2/21.15)/3600/at;	计算电机功率2
Pm33=(m*g*f*ue./1.5+Cd*A*ue^3./52.875+dt*m*ue^2./14/7.2)./3600/at;	计算电机功率3
fprintf('电机需求功率Pm1=%.2fkW\n',Pm11)	输出电机功率1
fprintf('电机需求功率Pm2=%.2fkW\n',Pm22)	输出电机功率2
fprintf('电机需求功率Pm3=%.2fkW\n',Pm33)	输出电机功率3

在MATLAB编辑器中输入这些程序，点击运行按钮，就会得到根据电动汽车最高车速、最大爬坡度和加速时间所需的电机功率曲线。

图10-1所示为电机功率-最高车速曲线。可以看出，最高车速越高，所需的电机功率越大。最高车速110km/h所需的电机功率$P_{m1}=19.4$kW。

图10-2所示为满足三种不同爬坡速度的电机功率-爬坡度曲线。可以看出，爬坡度越大，所需的电机功率越大；爬坡速度越高，所需的电机功率越大。以20km/h速度爬20°坡时所需的电机功率为$P_{m2}=30.31$kW。

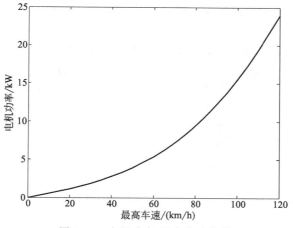

图 10-1 电机功率-最高车速曲线

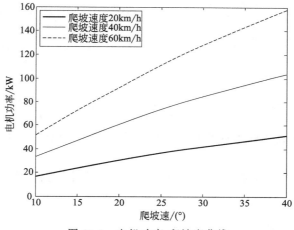

图 10-2 电机功率-爬坡度曲线

图 10-3 所示为电机功率-加速时间曲线。可以看出，加速时间越短，所需的电机功率越大。加速时间 14s 所需的电机功率为 $P_{m3}=54.8\text{kW}$。

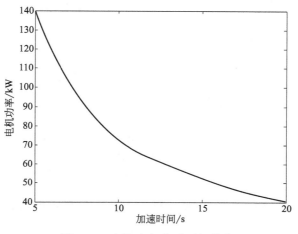

图 10-3 电机功率-加速时间曲线

本实例选择电机类型为永磁同步电机,峰值功率取55kW,过载系数取2.5,额定功率为22kW。

利用驱动电机转速数学模型,编写驱动电机转速匹配的MATLAB程序如下。

程序	注释
r=0.281;	轮胎滚动半径赋值
figure(1)	设置图形窗口1
i=4.55;	主减速器传动比赋值
u=0:5:120;	定义最高车速范围
n=u*i/0.377/r;	计算最高转速
plot(u,n)	绘制电机转速-最高车速曲线
xlabel('最高车速/(km/h)')	x轴标注
ylabel('电机最高转速/(r/min)')	y轴标注
figure(2)	设置图形窗口2
u=110;	定义最高车速
i=4:1:12;	定义传动系统传动比范围
n=u*i/0.377/r;	计算最高转速
plot(i,n)	绘制电机转速-传动比曲线
xlabel('传动比')	x轴标注
ylabel('电机最高转速/(r/min)')	y轴标注

在MATLAB编辑器中输入这些程序,点击运行按钮,就会得到电机最高转速与最高车速、传动比的关系曲线。

图10-4所示为电机最高转速-最高车速曲线。可以看出,最高车速越高,电机最高转速越高。

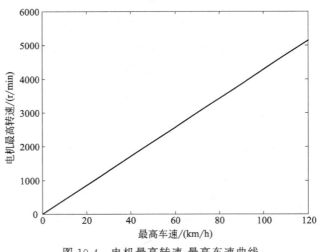

图10-4 电机最高转速-最高车速曲线

图10-5所示为电机最高转速-传动比曲线。可以看出,传动比越大,电机最高转速越高。

电机的最高转速取8000r/min;额定转速取3000r/min。

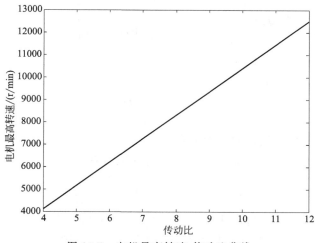

图 10-5 电机最高转速-传动比曲线

根据式(10-11)可以选取电机的额定转矩为 70N·m；根据式（10-12）可以选取电机的峰值转矩为 175N·m。

电机电压选择 336V。

综上所述，驱动电机匹配参数见表 10-2。

表 10-2 驱动电机匹配参数

参数名称	参数值
额定功率/kW	22
峰值功率/kW	55
额定转矩/N·m	70
峰值转矩/N·m	175
额定转速/(r/min)	3000
最高转速/(r/min)	8000
额定电压/V	336

3. 建立二挡变速器传动比匹配数学模型

在电机输出性能一定的前提下，传动比的选择主要取决于电动汽车的动力性。电动汽车的动力来自驱动电机，电机具有较宽的工作范围。电机特性为低速恒转矩、高速恒功率，适合电动汽车的运行，并不需要过多挡位，过多的挡位增加变速器的结构复杂性。固定速比的变速器并不能满足电机常工作于高效率区，所以选择二挡变速器，可以使结构简单，成本低，控制容易，同时又能满足电动汽车经济性的要求。其挡位的选择原则：一挡传动比应该满足电动汽车的爬坡性能，同时要兼顾电机低速区工作的效率；二挡传动比应该满足电动汽车行驶的最高车速，同时尽量降低电机输入轴的转速，兼顾电机高转速工况下的效率。

一挡驱动时，最大驱动力应小于或等于驱动轮的峰值附着力，以此确定一挡传动比的上限。对于前轮驱动的电动汽车，一挡传动比的上限应满足

$$i_0 i_{g12} \leqslant \frac{mgrb\varphi}{T_{emax}\eta_t L} \tag{10-13}$$

式中，i_0 为主减速器传动比；i_{g12} 为变速器一挡传动比的上限；b 为电动汽车质心至后轴距离；L 为轴距；φ 为路面附着系数。

一挡传动比的下限应满足电动汽车在电机峰值转矩下的爬坡度,即

$$i_0 i_{g11} \geqslant \frac{r}{T_{emax}\eta_t}\left(mgf\cos\alpha_{max} + mg\sin\alpha_{max} + \frac{C_D A u_p^2}{21.15}\right) \quad (10\text{-}14)$$

式中,i_{g11} 为变速器一挡传动比的下限。

二挡传动比的上限与最高车速有关,即

$$i_0 i_{g22} \leqslant \frac{0.377 r n_{max}}{u_{max}} \quad (10\text{-}15)$$

式中,i_{g22} 为变速器二挡传动比的上限。

二挡传动比的下限与汽车以最高车速行驶时的阻力有关,即

$$i_0 i_{g21} \geqslant \frac{r}{T_{umax}\eta_t}\left(mgf + \frac{C_D A u_{max}^2}{21.15}\right) \quad (10\text{-}16)$$

式中,i_{g21} 为变速器二挡传动比的下限;T_{umax} 为最高车速对应的输出转矩。

对于二挡变速器,两挡位传动比之间应该分配合理,否则可能由于一、二挡驱动力不连续导致换挡切换时的动力中断,进而影响驾驶体验。因此,二挡时电机基速下的驱动力应大于或等于一挡时电机最高转速下对应的驱动力,即

$$\frac{9550 P_{emax} i_{g2} i_0}{n_e} \geqslant \frac{9550 P_{emax} i_{g1} i_0}{n_{max}} \quad (10\text{-}17)$$

整理式(10-17)可得

$$\frac{i_{g1}}{i_{g2}} \leqslant \frac{n_{max}}{n_e} \quad (10\text{-}18)$$

4. 利用 MATLAB 匹配二挡变速器传动比

利用变速装置传动比匹配数学模型,编写变速装置传动比匹配的 MATLAB 程序如下。

程序	注释
m=1500;g=9.8;f=0.012;Cd=0.33;A=2.16;r=0.281;at=0.92;	汽车参数赋值
af=atan(20*pi/180);	设置最大坡度角
Tmax=175;	设置峰值转矩
up=15;	设置爬坡车速
i0=4.55;	设置主减速器传动比
i11=r*(m*g*f*cos(af)+m*g*sin(af)+Cd*A*up^2/21.15)/Tmax/at/i0;	计算一挡传动比下限
fprintf('一挡传动比下限 i11=%.2f\n',i11)	输出一挡传动比下限
nmax=8000;	设置电机最高转速
fa=0.70;	设置地面附着系数
i12=m*g*r*fa*1.6/Tmax/at/i0/2.8;	计算一挡传动比上限
fprintf('一挡传动比上限 i12=%.2f\n',i12)	输出一挡传动比上限
umax=110;	设置最高车速
i22=0.377*r*nmax/umax/i0;	计算二挡传动比上限
fprintf('二挡传动比上限 i22=%.2f\n',i22)	输出二挡传动比上限
i21=r*(m*g*f+Cd*A*umax^2/21.15)/Tmax/at/i0;	计算二挡传动比下限
fprintf('二挡传动比下限 i21=%.2f\n',i21)	输出二挡传动比下限

在 MATLAB 编辑器中输入这些程序,点击运行按钮,就会得到一挡传动比范围为 $1.93 \leqslant i_{g1} \leqslant 2.26$;二挡传动比范围为 $0.22 \leqslant i_{g2} \leqslant 1.69$。综合考虑,选择一挡传动比为 1.98,二挡传动比为 1。

5. 建立纯电动汽车动力性数学模型

电机输出转矩为

$$T_s = \begin{cases} T_{emax} & n \leqslant n_e \\ \dfrac{9550 P_{emax}}{n} & n > n_e \end{cases} \quad (10\text{-}19)$$

式中,T_s 为电机输出转矩;n 为电机转速。

电动汽车在行驶过程中的驱动力为

$$F_t = \dfrac{T_s i_t \eta_t}{r} \quad (10\text{-}20)$$

式中,F_t 为电动汽车驱动力;i_t 为传动系统总传动比。

电动汽车行驶速度与电机转速之间的关系为

$$u = \dfrac{0.377 rn}{i_t} \quad (10\text{-}21)$$

电动汽车在平坦路面匀速行驶过程中,受到的阻力主要有滚动阻力和空气阻力。电动汽车受到的滚动阻力为

$$F_f = mgf \quad (10\text{-}22)$$

式中,F_f 为电动汽车滚动阻力。

电动汽车受到的空气阻力为

$$F_w = \dfrac{C_D A u^2}{21.15} \quad (10\text{-}23)$$

式中,F_w 为电动汽车空气阻力。

电动汽车动力因数为

$$D = \dfrac{F_t - F_w}{mg} \quad (10\text{-}24)$$

电动汽车最大爬坡度为

$$i = \tan\left(\arcsin \dfrac{D - f\sqrt{1 - D^2 + f^2}}{1 + f^2}\right) \quad (10\text{-}25)$$

电动汽车加速度为

$$\dfrac{du}{dt} = \dfrac{g}{\delta}(D - f) \quad (10\text{-}26)$$

6. 利用 MATLAB 仿真纯电动汽车动力性

根据纯电动汽车动力性数学模型,编写绘制纯电动汽车动力性仿真的 MATLAB 程序如下。

程序	注释
`m=1500;g=9.8;f=0.012;Cd=0.33;A=2.16;r=0.281;at=0.92`	汽车参数赋值
`ig1=1.98;ig2=1;i0=4.55;`	传动比赋值
`q1=1.05;q2=1.27;`	旋转质量换算系数赋值
`u1=0:0.01:70;`	定义一挡速度范围
`Ff1=Cd*A*(u1.^2)/21.15+m*g*f;`	计算行驶阻力
`Fw1=Cd*A*(u1.^2)/21.15;`	计算空气阻力
`n1=ig1*i0*u1/r/0.377;`	计算电机转速
`P=55;`	峰值功率赋值
`  for i=1:1:7001`	设置循环，求转矩
`   if n1(i)<3000`	转速小于3000r/min时
`       T1(i)=175;`	设置恒转矩
`     else`	转速大于或等于3000r/min时
`       T1(i)=9550*P/n1(i);`	计算转矩
`end`	结束
`end`	结束
`Ft1=(T1*(ig1)*(i0)*(at))/r;`	计算驱动力
`D1=(Ft1-Fw1)/m/g;`	计算动力因数
`i1=tan(asin(D1-f*(1-D1.^2+f.^2).^(1/2))/(1+f.^2))*180/pi;`	计算爬坡度
`a1=(D1-f)*g/q1;`	计算加速度
`u2=0:0.01:180;`	定义速度范围
`Ff2=Cd*A*(u2.^2)/21.15+m*g*f;`	计算行驶阻力
`Fw2=Cd*A*(u2.^2)/21.15;`	计算空气阻力
`n2=ig2*i0*u2/r/0.377;`	计算电机转速
`  for j=1:1:18001`	设置循环，求转矩
`   if n2(j)<3000`	转速小于3000r/min时
`       T2(j)=175;`	设置恒转矩
`     else`	转速大于或等于3000r/min时
`       T2(j)=9550*P/n2(j);`	计算转矩
`end`	结束
`end`	结束
`Ft2=(T2*(ig2)*(i0)*(at))/r;`	计算驱动力
`D2=(Ft2-Fw2)/m/g;`	计算动力因数
`i2=tan(asin(D2-f*(1-D2.^2+f.^2).^(1/2))/(1+f.^2))*180/pi;`	计算爬坡度
`a2=(D2-f)*g/q2;`	计算加速度
`figure(1)`	设置图形窗口1
`plot(u1,Ft1,'r','linewidth',1.5);hold on`	绘制一挡驱动力-速度曲线
`plot(u2,Ft2,'b','linewidth',1.5,'LineStyle','--');hold on`	绘制二挡驱动力-速度曲线
`plot(u2,Ff2,'k','linewidth',1.5,'LineStyle','-.')`	绘制行驶阻力-速度曲线
`xlabel('速度/(km/h)')`	x轴标注

程序	注释
ylabel('驱动力-行驶阻力/N')	y 轴标注
text(20,5500,'一挡驱动力'),text(20,3000,'二挡驱动力')	驱动力曲线标注
text(20,700,'行驶阻力')	行驶阻力曲线标注
figure(2)	设置图形窗口 2
plot(u1,a1,'r','linewidth',1.5);hold on	绘制一挡加速度-速度曲线
plot(u2,a2,'b','linewidth',1.5,'LineStyle','--')	绘制二挡加速度-速度曲线
xlabel('速度/(km/h)')	x 轴标注
ylabel('加速度/(m/s^2)')	y 轴标注
text(50,2.5,'一挡加速度'),text(100,1,'二挡加速度')	加速度曲线标注
figure(3)	设置图形窗口 3
plot(u1,i1,'r','linewidth',1.5);hold on	绘制一挡爬坡度-速度曲线
plot(u2,i2,'b','linewidth',1.5,'LineStyle','--')	绘制二挡爬坡度-速度曲线
xlabel('速度/(km/h)')	x 轴标注
ylabel('爬坡度/(°)')	y 轴标注
text(50,18,'一挡爬坡度'),text(100,6,'二挡爬坡度')	爬坡度曲线标注

在 MATLAB 编辑器中输入这些程序，点击运行按钮，就会得到电动汽车驱动力-行驶阻力平衡图，如图 10-6 所示。电动汽车最高车速约为 167km/h，也就是一挡驱动力和行驶阻力相交点所对应的车速。

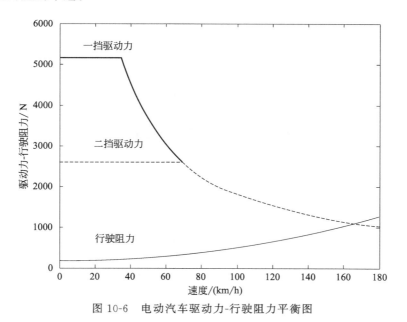

图 10-6 电动汽车驱动力-行驶阻力平衡图

图 10-7 所示为电动汽车加速度-速度曲线。可以看出，一挡加速度大于二挡加速度，加速度出现负值是因为速度超过了最高车速，是无效的。

图 10-8 所示为电动汽车爬坡度-速度曲线。可以看出，一挡爬坡度大于二挡爬坡度，爬坡度出现负值是因为速度超过了最高车速，是无效的。

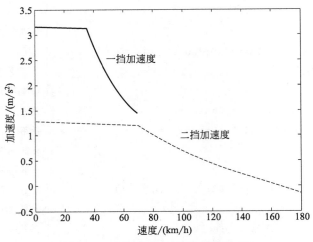

图 10-7　电动汽车加速度-速度曲线

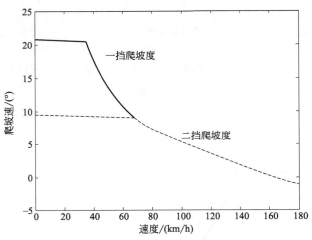

图 10-8　电动汽车爬坡度-速度曲线

实例十一

基于工况法的纯电动汽车传动系统匹配仿真

基于工况法对纯电动汽车驱动电机和动力电池进行匹配更符合实际。本实例采用电动汽车 NEDC 循环工况对驱动电机和动力电池参数进行匹配。

任务描述

主要任务：
1. 利用 MATLAB 绘制电动汽车 NEDC 循环工况图
2. 基于工况法匹配驱动电机参数
3. 基于工况法匹配动力电池参数
4. 利用 MATLAB 仿真电动汽车动力性
5. 利用 MATLAB 仿真电动汽车循环工况续驶里程

基于工况法的纯电动汽车传动系统匹配仿真所需参数见表 11-1。

表 11-1 基于工况法的纯电动汽车传动系统匹配仿真所需参数

整车质量/kg	滚动阻力系数	空气阻力系数	迎风面积/m^2	轮胎滚动半径/m
1300	0.013	0.32	2.1	0.285
旋转质量换算系数	传动系统效率	电池放电效率	传动系统传动比	电池组端电压/V
1.02	0.95	0.95	5.3	320

纯电动汽车设计目标：

最高车速不低于 120km/h；工况法续驶里程不低于 300km；0～100km/h 加速时间不大于 20s；40km/h 行驶通过的最大爬坡度不低于 20%。

任务实施过程

1. 利用 MATLAB 绘制电动汽车 NEDC 循环工况图

电动汽车 NEDC 循环工况由市区循环和市郊循环组成,其中市区循环由四个市区基本循环组成,如图 11-1 所示。

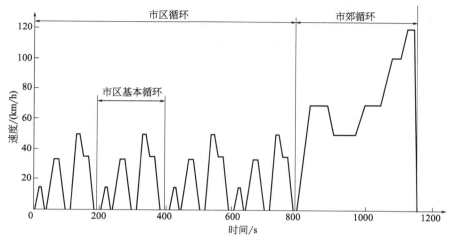

图 11-1 电动汽车 NEDC 循环工况图

市区基本循环试验参数见表 11-2。

表 11-2 市区基本循环试验参数

运转次序	操作状态	工况序号	加速度/(m/s²)	速度/(km/h)	操作时间/s	工况时间/s	累计时间/s
1	停车	1	0.00	0	11	11	11
2	加速	2	1.04	0→15	4	4	15
3	等速	3	0.00	15	8	8	23
4	减速	4	−0.83	15→0	5	5	28
5	停车	5	0.00	0	21	21	49
6	加速	6	0.69	0→15	6	12	55
7	加速		0.79	15→32	6		61
8	等速	7	0.00	32	24	24	85
9	减速	8	−0.81	32→0	11	11	96
10	停车	9	0.00	0	21	21	117
11	加速	10	0.69	0→15	6	26	123
12	加速		0.51	15→35	11		134
13	加速		0.46	35→50	9		143
14	等速	11	0.00	50	12	12	155
15	减速	12	−0.52	50→35	8	8	163

续表

运转次序	操作状态	工况序号	加速度/(m/s²)	速度/(km/h)	操作时间/s	工况时间/s	累计时间/s
16	等速	13	0.00	35	15	15	178
17	减速	14	−0.97	35→0	10	10	188
18	停车	15	0.00	0	7	7	195

一个市区基本循环时间是195s，其中：停车60s，占30.77%；加速42s，占21.54%；等速59s，占30.26%；减速34s，占17.44%。

市郊循环试验参数见表11-3。

表11-3 市郊循环试验参数

运转次序	操作状态	工况序号	加速度/(m/s²)	速度/(km/h)	操作时间/s	工况时间/s	累计时间/s
1	停车	1	0.00	0	20	20	20
2	加速	2	0.69	0→15	6		26
3	加速		0.51	15→35	11	41	37
4	加速		0.42	35→50	10		47
5	加速		0.40	50→70	14		61
6	等速	3	0.00	70	50	50	111
7	减速	4	−0.69	70→50	8	8	119
8	等速	5	0.00	50	69	69	188
9	加速	6	0.43	50→70	13	13	201
10	等速	7	0.00	70	50	50	251
11	加速	8	0.24	70→100	35	35	286
12	等速	9	0.00	100	30	30	316
13	加速	10	0.28	100→120	20	20	336
14	等速	11	0.00	120	10	10	346
15	减速		−0.69	120→80	16		362
16	减速	12	−1.04	80→50	8	34	370
17	减速		−1.39	50→0	10		380
18	停车	13	0.00	0	20	20	400

一个市郊循环时间是400s，其中停车40s，占10%；加速109s，占27.25%；等速209s，占52.25%；减速42s，占10.50%。

根据表11-2和表11-3，编写绘制电动汽车NEDC循环工况图的MATLAB程序如下。

程序	注释
`axis([0 1200 0 120])`	定义坐标轴范围
`t=[11,15,23,28,49,55,61,85,96,117,123,134,143,155,163,178,188,195];`	设置市区第1个循环时间
`u=[0,15,15,0,0,15,32,32,0,0,15,35,50,50,35,35,0,0];`	设置市区第1个循环速度
`plot(t,u)`	绘制市区第1个循环工况图

程序	注释
hold on	保存图形
t=[206,210,218,223,244,250,256,280,291,312,318,329,338, 350,358,373,383,390];	设置市区第 2 个循环时间
u=[0,15,15,0,0,15,32,32,0,0,15,35,50,50,35,35,0,0];	设置市区第 2 个循环速度
plot(t,u)	绘制市区第 2 个循环工况图
hold on	保存图形
t=[401,405,413,418,439,445,451,475,486,507,513,524,533, 545,553,568,578,585];	设置市区第 3 个循环时间
u=[0,15,15,0,0,15,32,32,0,0,15,35,50,50,35,35,0,0];	设置市区第 3 个循环速度
plot(t,u)	绘制市区第 3 个循环工况图
hold on	保存图形
t=[596,600,608,613,634,640,646,670,681,702,708,719,728, 740,748,763,773,780];	设置市区第 4 个循环时间
u=[0,15,15,0,0,15,32,32,0,0,15,35,50,50,35,35,0,0];	设置市区第 4 个循环速度
plot(t,u)	绘制市区第 4 个循环工况图
hold on	保存图形
t=[800,806,817,827,841,891,899,968,981,1031,1066,1096, 1116,1126,1142,1150,1160,1180];	设置市郊循环时间
u=[0,15,35,50,70,70,50,50,70,70,100,100,120,120,80,50,0,0];	设置市郊循环速度
plot(t,u)	绘制市郊循环工况图
hold on	保存图形
xlabel('时间/s')	x 轴标注
ylabel('速度/(km/h)')	y 轴标注

在 MATLAB 编辑器中输入这些程序,点击运行按钮,即可得到电动汽车 NEDC 循环工况图,如图 11-2 所示。

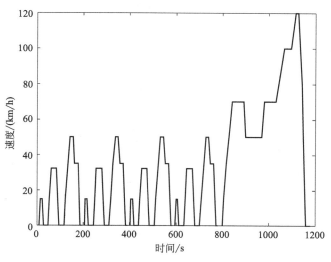

图 11-2　电动汽车 NEDC 循环工况图

2. 基于工况法匹配驱动电机参数

电动汽车 NEDC 循环工况主要包括匀速行驶、加速行驶和减速行驶。

电动汽车在平坦道路上匀速行驶所需的电机功率为

$$P_{m1} = \frac{u_1}{3600\eta_t}\left(mgf + \frac{C_D A u_1^2}{21.15}\right) \tag{11-1}$$

式中，P_{m1} 为电动汽车在平坦道路上匀速行驶所需的电机功率；m 为整车质量；f 为滚动阻力系数；C_D 为迎风阻力系数；A 为迎风面积；u_1 为匀速行驶车速；η_t 为传动系统效率。

电动汽车加（减）速行驶所需的电机功率为

$$P_{m2} = \frac{u(t)}{3600\eta_t}\left[mgf + \frac{C_D A u^2(t)}{21.15} + \delta m a_j\right] \tag{11-2}$$

式中，P_{m2} 为电动汽车加（减）速行驶所需的电机功率；$u(t)$ 为电动汽车行驶速度；δ 为电动汽车旋转质量换算系数；a_j 为电动汽车加（减）速度。

汽车行驶速度为

$$u(t) = u_0 + 3.6 a_j t \tag{11-3}$$

式中，u_0 为起始速度；t 为加（减）速时间。

市区基本循环试验参数及功率需求见表 11-4。

表 11-4 市区基本循环试验参数及功率需求

运转次序	操作状态	加速度/(m/s²)	速度/(km/h)	操作时间/s	功率需求/kW
1	停车	0.00	0	11	0
2	加速	1.04	0→15	4	6.8062
3	等速	0.00	15	8	0.7578
4	减速	−0.83	15→0	5	−4.0693
5	停车	0.00	0	21	0
6	加速	0.69	0→15	6	4.7707
7	加速	0.79	15→32	6	11.6556
8	等速	0.00	32	24	1.8541
9	减速	−0.81	32→0	11	−8.1956
10	停车	0.00	0	21	0
11	加速	0.69	0→15	6	4.7707
12	加速	0.51	15→35	11	9.0141
13	加速	0.46	35→50	9	12.5002
14	等速	0.00	50	12	3.5826
15	减速	−0.52	50→35	8	−6.4981
16	等速	0.00	35	15	2.0933
17	减速	−0.97	35→0	10	−11.0698
18	停车	0.00	0	7	0

市郊循环试验参数及功率需求见表 11-5。

表 11-5　市郊循环试验参数及功率需求

运转次序	操作状态	加速度/(m/s²)	速度/(km/h)	操作时间/s	功率需求/kW
1	停车	0.00	0	20	0
2	加速	0.69	0→15	6	4.7707
3	加速	0.51	15→35	11	9.0141
4	加速	0.42	35→50	10	11.7247
5	加速	0.40	50→70	14	17.4326
6	等速	0.00	70	50	6.5765
7	减速	−0.69	70→50	8	−12.1504
8	等速	0.00	50	69	3.5826
9	加速	0.43	50→70	13	18.2468
10	等速	0.00	70	50	6.5765
11	加速	0.24	70→100	35	23.4383
12	等速	0.00	100	30	14.1331
13	加速	0.28	100→120	20	34.8923
14	等速	0.00	120	10	21.8650
15	减速	−0.69	120→80	16	−10.2382
16	减速	−1.04	80→50	8	−23.6274
17	减速	−1.39	50→0	10	−23.3639
18	停车	0.00	0	20	0

根据表 11-4 和表 11-5，编写电动汽车 NEDC 循环工况需求功率的 MATLAB 程序如下。

程序	注释
axis([0 1200 -40 40])	定义坐标轴范围
x1=[0 1200];	设置 x1 坐标值
y1=[0 0];	设置 y1 坐标值
plot(x1,y1)	绘制 x1 和 y1 直线
hold on	保存图形
t=[11,15,23,28,49,55,61,85,96,117,123,134,143,155,163, 178,188,195];	设置市区第 1 个循环时间
w=[0,6.8062,0.7578,-4.0693,0,4.7707,11.6556,1.8541,-8.1956,0, 4.7707,9.0141,12.5002,3.5826,-6.4981,2.0933,-11.0698,0];	设置市区第 1 个循环功率
plot(t,w)	绘制市区第 1 个循环工况功率需求图
hold on	保存图形
t=[206,210,218,223,244,250,256,280,291,312,318,329,338, 350,358,373,383,390];	设置市区第 2 个循环时间
w=[0,6.8062,0.7578,-4.0693,0,4.7707,11.6556,1.8541,-8.1956,0, 4.7707,9.0141,12.5002,3.5826,-6.4981,2.0933,-11.0698,0];	设置市区第 2 个循环功率
plot(t,w)	绘制市区第 2 个循环工况功率需求图

程序	注释
hold on	保存图形
t=[401,405,413,418,439,445,451,475,486,507,513,524,533,545,553,568,578,585];	设置市区第3个循环时间
w=[0,6.8062,0.7578,-4.0693,0,4.7707,11.6556,1.8541,-8.1956,0,4.7707,9.0141,12.5002,3.5826,-6.4981,2.0933,-11.0698,0];	设置市区第3个循环功率
plot(t,w)	绘制市区第3个循环工况功率需求图
hold on	保存图形
t=[596,600,608,613,634,640,646,670,681,702,708,719,728,740,748,763,773,780];	设置市区第4个循环时间
w=[0,6.8062,0.7578,-4.0693,0,4.7707,11.6556,1.8541,-8.1956,0,4.7707,9.0141,12.5002,3.5826,-6.4981,2.0933,-11.0698,0];	设置市区第4个循环功率
plot(t,w)	绘制市区第4个循环工况功率需求图
hold on	保存图形
t=[800,806,817,827,841,891,899,968,981,1031,1066,1096,1116,1126,1142,1150,1160,1180];	设置市郊循环时间
w=[0,4.7707,9.0141,11.7247,17.4326,6.5765,-12.1504,3.5826,18.2468,6.5765,23.4383,14.1331,34.8923,21.865,-10.2382,-23.6274,-23.3639,0];	设置市郊循环功率
plot(t,w)	绘制市郊循环工况功率需求图
hold on	保存图形
xlabel('时间/s')	x轴标注
ylabel('功率/kW')	y轴标注

在MATLAB编辑器中输入这些程序,点击运行按钮,即可得到电动汽车NEDC循环工况功率需求图,如图11-3所示。

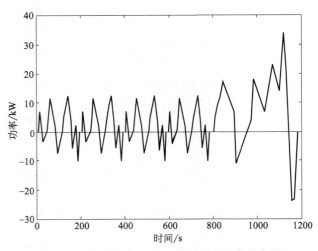

图11-3 电动汽车NEDC循环工况功率需求图

可以看出，电动汽车 NEDC 循环工况下，在 100～120km/h 加速末时刻，电动汽车所需功率达到最大值，为 34.8923kW，可初步选择电机的峰值功率为 35kW。

电动汽车在实际道路行驶过程中，道路坡度对功率需求也有较大影响。满足最大爬坡度所需的电机功率为

$$P_{m3} = \frac{mgu_p}{3600\eta_t}\left(f\cos\alpha_{max} + \sin\alpha_{max} + \frac{C_D A u_p^2}{21.15mg}\right) \quad (11\text{-}4)$$

式中，P_{m3} 为电动汽车最大爬坡度运行所需的电机功率；u_p 为电动汽车爬坡速度；α_{max} 为最大坡度角。

当以 40km/h 行驶速度通过 20% 坡度时，由式(11-4)可得电机功率需求约为 32kW，电机峰值功率满足要求。

满足加速时间所需的电机功率为

$$P_{m4} = \frac{1}{3600\eta_t}\left(mgf\frac{u_e}{1.5} + \frac{C_D A u_e^3}{52.875} + \delta m\frac{u_e^2}{7.2t_e}\right) \quad (11\text{-}5)$$

式中，u_e 为加速终止速度；t_e 为加速时间。

根据设计要求，0～100km 加速时间不大于 20s，由式(11-5)可得满足加速时间所需的电机功率为 33.9kW，电机峰值功率满足要求。

电机峰值功率与额定功率的关系为

$$P_{emax} = \lambda P_e \quad (11\text{-}6)$$

式中，P_{emax} 为电机峰值功率；P_e 为电机额定功率；λ 为电机过载系数。

取电机过载系数为 2.2，由式(11-6)可得电机额定功率为 16kW。

当电动汽车运行在最高车速时，驱动电机工作在恒功率区且转速在最高转速附近，根据电动汽车车速和驱动电机转速之间的关系，可得到驱动电机所需的最高转速为

$$n_{max} = \frac{u_{max} i}{0.377r} \quad (11\text{-}7)$$

式中，n_{max} 为电机最高转速；u_{max} 为电动汽车最高车速；i 为传动系统传动比；r 为轮胎滚动半径。

由式(11-7)可得电机最高转速为 5919r/min，取 6000r/min。

电机额定转速为

$$n_e = \frac{n_{max}}{\beta} \quad (11\text{-}8)$$

式中，n_e 为电机额定转速；β 为电机扩大恒功率区系数。

β 值越大，转速越低，转矩越高，越有利于提高电动汽车的加速和爬坡性能，稳定运行性能越好，但同时功率变换器尺寸也会增大，因此 β 值不宜过高。β 通常取值为 2～4。

取 $\beta = 3$，则由式(11-8)可得电机额定转速为 2000r/min。

电动汽车在不同的工况下对驱动电机有不同的输出需求。高速时驱动电机以输出功率为主，在启动和加速时以输出转矩为主。根据转矩、功率和转速之间的关系，可知驱动电机的额定转矩为

$$T_e = \frac{9550 P_e}{n_e} \quad (11\text{-}9)$$

式中，T_e 为电机额定转矩。

电机峰值转矩为

$$T_{emax} = \frac{9550 P_{emax}}{n_e} \tag{11-10}$$

式中，T_{emax} 为电机峰值转矩。

由式(11-9)可求得电机额定转矩为76N·m；由式(11-10)可得电机峰值转矩为167N·m。

综上所述，驱动电机匹配参数见表11-6。

表 11-6 驱动电机匹配参数

参数名称	参数值
额定功率/kW	16
峰值功率/kW	35
额定转矩/N·m	76
峰值转矩/N·m	167
额定转速/(r/min)	2000
最高转速/(r/min)	6000

3. 基于工况法匹配动力电池参数

电动汽车在平坦道路上匀速行驶时所需的功率见式(11-1)。满足匀速行驶动力电池所需存储的容量为

$$C_{m1} = \frac{P_{m1} t_{m1}}{3.6V} \tag{11-11}$$

式中，C_{m1} 为满足匀速行驶动力电池所需存储的容量；t_{m1} 为电动汽车匀速行驶时间；V 为动力电池端电压。

电动汽车加速行驶时所需求的功率见式(11-2)。满足加速行驶动力电池所需存储的容量为

$$C_{m2} = \frac{P_{m2} t_{m2}}{3.6V} \tag{11-12}$$

式中，C_{m2} 为满足加速行驶动力电池所需存储的容量；t_{m2} 为电动汽车加速行驶时间。

市区基本循环试验参数及容量需求见表11-7。

表 11-7 市区基本循环试验参数及容量需求

运转次序	操作状态	加速度/(m/s²)	速度/(km/h)	操作时间/s	容量需求/A·h
1	停车	0.00	0	11	0
2	加速	1.04	0→15	4	0.0236
3	等速	0.00	15	8	0.0072
4	减速	−0.83	15→0	5	−0.0177
5	停车	0.00	0	21	0
6	加速	0.69	0→15	6	0.0248
7	加速	0.79	15→32	6	0.0607
8	等速	0.00	32	24	0.0386
9	减速	−0.81	32→0	11	−0.0783
10	停车	0.00	0	21	0

续表

运转次序	操作状态	加速度/(m/s²)	速度/(km/h)	操作时间/s	容量需求/A·h
11	加速	0.69	0→15	6	0.0248
12	加速	0.51	15→35	11	0.0861
13	加速	0.46	35→50	9	0.0977
14	等速	0.00	50	12	0.0373
15	减速	−0.52	50→35	8	−0.0451
16	等速	0.00	35	15	0.0273
17	减速	−0.97	35→0	10	−0.0961
18	停车	0.00	0	7	0

根据表11-7中的容量需求，可得在一个市区基本循环中，为维护电动汽车匀速行驶和加速行驶，动力电池需要输出0.4281A·h的容量；电动汽车制动时，制动产生的能量中可供动力电池使用的容量为0.2372A·h。假设制动能量回收率为20%，则电动汽车完成一个标准市区循环运行，动力电池必须提供0.3807A·h的容量。电动汽车完成四个标准市区基本循环运行，动力电池必须提供1.5228A·h的容量。

市郊循环试验参数及容量需求见表11-8。

表11-8　市郊循环试验参数及容量需求

运转次序	操作状态	加速度/(m/s²)	速度/(km/h)	操作时间/s	容量需求/A·h
1	停车	0.00	0	20	0
2	加速	0.69	0→15	6	0.0248
3	加速	0.51	15→35	11	0.0861
4	加速	0.42	35→50	10	0.1018
5	加速	0.40	50→70	14	0.2119
6	等速	0.00	70	50	0.2854
7	减速	−0.69	70→50	8	−0.0844
8	等速	0.00	50	69	0.2146
9	加速	0.43	50→70	13	0.2059
10	等速	0.00	70	50	0.2854
11	加速	0.24	70→100	35	0.7121
12	等速	0.00	100	30	0.3680
13	加速	0.28	100→120	20	0.6058
14	等速	0.00	120	10	0.1898
15	减速	−0.69	120→80	16	−0.1422
16	减速	−1.04	80→50	8	−0.1641
17	减速	−1.39	50→0	10	−0.2028
18	停车	0.00	0	20	0

根据表11-8中的容量需求，可得在市郊工况循环中，为维护电动汽车匀速行驶和加速行驶，动力电池需要输出3.2916A·h的容量；电动汽车制动时，制动产生的能量中可供动

力电池使用的容量为 0.5935A·h。假设制动能量回收率为 20%，则电动汽车完成市郊循环运行，动力电池必须提供 3.1729A·h 的容量。

电动汽车完成 NEDC 循环运行，动力电池必须提供 4.6957A·h 的容量。

电动汽车一个 NEDC 循环的行驶距离为 11.022km，假设要求电动汽车循环工况续驶里程为 300km，则动力电池至少需要配置 128A·h 的容量。

实际电动汽车动力电池匹配时，还要考虑传动系统效率、电机效率、电池放电效率、电池放电深度等。

根据表 11-7 和表 11-8，编写电动汽车 NEDC 循环工况电池需求容量的 MATLAB 程序如下。

程序	注释
axis([0 1200 -0.4 1])	定义坐标轴范围
x1=[0 1200];	设置 x1 坐标值
y1=[0 0];	设置 y1 坐标值
plot(x1,y1)	绘制 x1 和 y1 直线
hold on	保存图形
t=[11,15,23,28,49,55,61,85,96,117,123,134,143,155,163,178,188,195];	设置市区第 1 个循环时间
c=[0,0.0236,0.0072,-0.0117,0,0.0248,0.0607,0.0386,-0.0783,0,0.0248,0.0861,0.0977,0.0373,-0.0451,0.0273,-0.0961,0];	设置市区第 1 个循环容量
plot(t,c)	绘制市区第 1 个循环工况容量需求图
hold on	保存图形
t=[206,210,218,223,244,250,256,280,291,312,318,329,338,350,358,373,383,390];	设置市区第 2 个循环时间
c=[0,0.0236,0.0072,-0.0117,0,0.0248,0.0607,0.0386,-0.0783,0,0.0248,0.0861,0.0977,0.0373,-0.0451,0.0273,-0.0961,0];	设置市区第 2 个循环容量
plot(t,c)	绘制市区第 2 个循环工况容量需求图
hold on	保存图形
t=[401,405,413,418,439,445,451,475,486,507,513,524,533,545,553,568,578,585];	设置市区第 3 个循环时间
c=[0,0.0236,0.0072,-0.0117,0,0.0248,0.0607,0.0386,-0.0783,0,0.0248,0.0861,0.0977,0.0373,-0.0451,0.0273,-0.0961,0];	设置市区第 3 个循环容量
plot(t,c)	绘制市区第 3 个循环工况容量需求图
hold on	保存图形
t=[596,600,608,613,634,640,646,670,681,702,708,719,728,740,748,763,773,780];	设置市区第 4 个循环时间
c=[0,0.0236,0.0072,-0.0117,0,0.0248,0.0607,0.0386,-0.0783,0,0.0248,0.0861,0.0977,0.0373,-0.0451,0.0273,-0.0961,0];	设置市区第 4 个循环容量
plot(t,c)	绘制市区第 4 个循环工况容量需求图

程序	注释
hold on	保存图形
t=[800,806,817,827,841,891,899,968,981,1031,1066,1096, 1116,1126,1142,1150,1160,1180];	设置市郊循环时间
c=[0,0.0248,0.0861,0.1018,0.2119,0.2854,-0.0844,0.2146,0.2509, 0.2854,0.7121,0.368,0.6058,0.1898,-0.1422,-0.1641,-0.2028,0];	设置市郊循环容量
plot(t,c)	绘制市郊循环工况容量需求图
hold on	保存图形
xlabel('时间/s')	x轴标注
ylabel('容量/A.h')	y轴标注

在MATLAB编辑器中输入这些程序,点击运行按钮,即可得到电动汽车NEDC循环工况容量需求图,如图11-4所示。

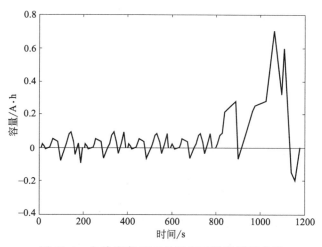

图11-4 电动汽车NEDC循环工况容量需求图

4. 利用MATLAB仿真电动汽车动力性

根据电动汽车动力性数学模型,编写绘制电动汽车动力性仿真曲线的MATLAB程序如下。

程序	注释
m=1300;f=0.013;C=0.32;A=2.1;R=0.285;g=9.8;q=1.02;p= 0.95;it=5.3;	汽车参数赋值
P=35;T=167;	电机峰值功率和峰值转矩赋值
Pr=16;Tr=76;	电机额定功率和额定转矩赋值
nn=2000;	额定转速赋值
aa=0;	设置坡度角为0°
Ff=m*g*f*cos(aa);	计算滚动阻力
Fj=m*g*sin(aa);	计算坡度阻力
for i=1:1901	速度循环开始

程序	注释
`v(i)=0.1*i-0.1;`	设置速度范围为 0～190km/h
`n(i)=it*v(i)/R/0.377;`	计算电机转速
`if n(i)<nn`	如果电机转速小于基速
`Ft(i)=T*it*p/R;`	驱动力计算
`else`	否则
`Ft(i)=(P*9550/n(i))*it*p/R;`	驱动力计算
`end`	结束
`Fw(i)=C*A*(v(i).^2)/21.15;`	空气阻力计算
`F(i)=Fw(i)+Ff+Fj;`	行驶阻力计算
`if abs(Ft(i)-F(i))<1`	驱动力判断
`vmax=v(i);`	求最高车速
`end`	结束
`a(i)=(Ft(i)-F(i))/q/m;`	求最大加速度
`angle(i)=tan(asin((Ft(i)-Fw(i)-Ff)/m/g))*100;`	求最大坡度角
`end`	循环结束
`for j=1:1901`	时间循环开始（用于求百公里加速）
`va(1)=0;`	设置初始速度为 0
`na(j)=it*va(j)/R/0.377;`	计算当前速度下的电机转速
`if na(j)<nn`	如果电机转速小于基速
`Fta(j)=T*it*p/R;`	计算驱动力
`else`	否则
`Fta(j)=(P*9550/na(j))*it*p/R;`	计算驱动力
`end`	结束
`Fwa(j)=C*A*(va(j).^2)/21.15;`	计算空气阻力
`Fa(j)=Fwa(j)+Ff+Fj;`	计算行驶阻力
`acc(j)=(Fta(j)-Fa(j))/m/q;`	计算当前车速下的加速度
`va(j+1)=va(j)+acc(j)*0.1*3.6;`	求下一循环时刻的速度
`if abs(va(j)-100)<0.5`	判断求百公里加速时间
`ta=(j-1)*0.1;`	计算百公里加速时间
`end`	判断结束
`end`	时间循环结束
`figure(1)`	设置图形窗口 1
`plot(v,Ft,v,F)`	绘制驱动力-行驶阻力平衡图
`grid on`	设置网格背景
`xlabel('速度/(km/h)')`	x 轴标注
`ylabel('驱动力-行驶阻力/N')`	y 轴标注
`fprintf('最高车速 vmax=%.2fkm/h\n',vmax);`	命令行窗口输出最高车速
`figure(2)`	设置图形窗口 2
`plot(v,a)`	绘制加速度-速度曲线
`axis([0 inf 0 3]);`	设置横、纵坐标范围

程序	注释
grid on	设置网格背景
xlabel('速度/(km/h)')	x 轴标注
ylabel('加速度/(m/s^2)')	y 轴标注
figure(3)	设置图形窗口 3
t=0:1901;	设置时间
plot(t*0.1,va)	绘制速度-加速时间曲线
grid on	设置网格背景
xlabel('加速时间/s')	x 轴标注
ylabel('速度/(km/h)')	y 轴标注
fprintf('百公里加速时间 t=%.2fs\n',ta);	命令行窗口输出百公里加速时间
figure(4)	设置图形窗口 4
plot(v,angle)	绘制爬坡度-速度曲线
axis([0 inf 0 35]);	设置横、纵坐标范围
grid on	设置网格背景
xlabel('速度/(km/h)')	x 轴标注
ylabel('爬坡度/%')	y 轴标注

在MATLAB编辑器中输入这些程序，点击运行按钮，就会得到电动汽车驱动力-行驶阻力平衡图（图11-5）、电动汽车加速度-速度曲线（图11-6）、电动汽车速度-加速时间曲线（图11-7）、电动汽车爬坡度-速度曲线（图11-8）。最高车速为144km/h；百公里加速时间为22.5s；最大爬坡度大于20%，满足设计要求。

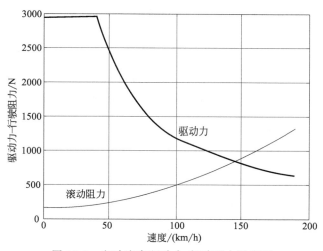

图 11-5 电动汽车驱动力-行驶阻力平衡图

5. 利用MATLAB仿真电动汽车循环工况续驶里程

电池携带的总能量为

$$E=\frac{Q_\mathrm{m}U_\mathrm{e}}{1000} \tag{11-13}$$

式中，E 为电池携带的总能量；Q_m 为电池的额定容量；U_e 为电池的端电压。

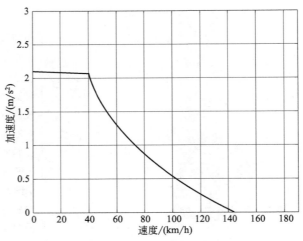

图 11-6 电动汽车加速度-速度曲线

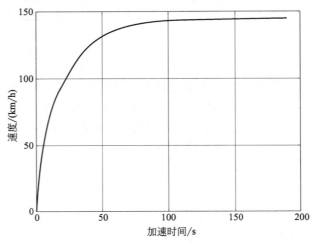

图 11-7 电动汽车速度-加速时间曲线

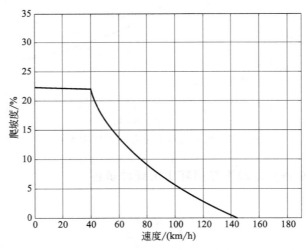

图 11-8 电动汽车爬坡度-速度曲线

一个 NEDC 循环工况的行驶里程为

$$S_1 = \sum_{i=1}^{k} S_i \tag{11-14}$$

式中，S_1 为一个 NEDC 循环工况的行驶里程；S_i 为每个状态行驶的距离；k 为电动汽车能够完成的状态总数。

一个 NEDC 循环工况行驶动力电池所消耗的能量为

$$E_1 = \sum_{i=1}^{k} E_i \tag{11-15}$$

式中，E_1 为一个 NEDC 循环工况行驶动力电池所消耗的能量；E_i 为每个状态动力电池所消耗的能量，具体计算方法参见实例九。

电动汽车循环工况续驶里程为

$$S = \frac{S_1 E}{E_1} \tag{11-16}$$

式中，S 为电动汽车循环工况续驶里程。

根据表 11-2 和表 11-3 数据及循环工况电动汽车续驶里程数学模型，编写循环工况电动汽车续驶里程仿真的 MATLAB 程序如下。

程序	注释
m=1300;f=0.013;Cd=0.32;A=2.1;dt=1.02;nt=0.95;g=9.8;	汽车参数赋值
Ue=320;Ce=128;ne=0.95;	电池参数赋值
uj1=15;u01=0;aj1=1.04;	速度和加速度赋值
Sj1=(uj1^2-u01^2)/25920/aj1;	计算行驶距离
Pj1=uj1*(m*g*f+Cd*A*uj1^2/21.15+dt*m*aj1)/3600/nt;	计算需求功率
Ej1=Pj1*Sj1/uj1/ne;	计算能量消耗
ud1=15;t1=8;	行驶速度和时间赋值
Sd1=ud1*t1/3600;	计算行驶距离
Pd1=ud1*(m*g*f+Cd*A*ud1^2/21.15)/3600/nt;	计算需求功率
Ed1=Pd1*Sd1/ud1/ne;	计算能量消耗
uj2=0;u02=15;aj2=-0.83;	速度和减速度赋值
Sj2=(uj2^2-u02^2)/25920/aj2;	计算行驶距离
uj3=15;u03=0;aj3=0.69;	速度和加速度赋值
Sj3=(uj3^2-u03^2)/25920/aj3;	计算行驶距离
Pj3=uj3*(m*g*f+Cd*A*uj3^2/21.15+dt*m*aj3)/3600/nt;	计算需求功率
Ej3=Pj3*Sj3/uj3/ne;	计算能量消耗
uj4=32;u04=15;aj4=0.79;	速度和加速度赋值
Sj4=(uj4^2-u04^2)/25920/aj4;	计算行驶距离
Pj4=uj4*(m*g*f+Cd*A*uj4^2/21.15+dt*m*aj4)/3600/nt;	计算需求功率
Ej4=Pj4*Sj4/uj4/ne;	计算能量消耗
ud2=32;t2=24;	行驶速度和时间赋值
Sd2=ud2*t2/3600;	计算行驶距离
Pd2=ud2*(m*g*f+Cd*A*ud2^2/21.15)/3600/nt;	计算需求功率
Ed2=Pd2*Sd2/ud2/ne;	计算能量消耗

程序	注释
uj5=0;u05=32;aj5=-0.81;	速度和减速度赋值
Sj5=(uj5^2-u05^2)/25920/aj5;	计算行驶距离
uj6=15;u06=0;aj6=0.69;	速度和加速度赋值
Sj6=(uj6^2-u06^2)/25920/aj6;	计算行驶距离
Pj6=uj6*(m*g*f+Cd*A*uj6^2/21.15+dt*m*aj6)/3600/nt;	计算需求功率
Ej6=Pj6*Sj6/uj6/ne;	计算能量消耗
uj7=35;u07=15;aj7=0.51;	速度和加速度赋值
Sj7=(uj7^2-u07^2)/25920/aj7;	计算行驶距离
Pj7=uj7*(m*g*f+Cd*A*uj7^2/21.15+dt*m*aj7)/3600/nt;	计算需求功率
Ej7=Pj7*Sj7/uj7/ne;	计算能量消耗
uj8=50;u08=35;aj8=0.46;	速度和加速度赋值
Sj8=(uj8^2-u08^2)/25920/aj8;	计算行驶距离
Pj8=uj8*(m*g*f+Cd*A*uj8^2/21.15+dt*m*aj8)/3600/nt;	计算需求功率
Ej8=Pj8*Sj8/uj8/ne;	计算能量消耗
ud3=50;t3=12;	行驶速度和时间赋值
Sd3=ud3*t3/3600;	计算行驶距离
Pd3=ud3*(m*g*f+Cd*A*ud3^2/21.15)/3600/nt;	计算需求功率
Ed3=Pd3*Sd3/ud3/ne;	计算能量消耗
uj9=35;u09=50;aj9=-0.52;	速度和减速度赋值
Sj9=(uj9^2-u09^2)/25920/aj9;	计算行驶距离
ud4=35;t4=15;	行驶速度和时间赋值
Sd4=ud4*t4/3600;	计算行驶距离
Pd4=ud4*(m*g*f+Cd*A*ud4^2/21.15)/3600/nt;	计算需求功率
Ed4=Pd4*Sd4/ud4/ne;	计算能量消耗
uj10=0;u010=35;aj10=-0.97;	速度和减速度赋值
Sj10=(uj10^2-u010^2)/25920/aj10;	计算行驶距离
S11=Sj1+Sj2+Sj3+Sj4+Sj5+Sj6+Sj7+Sj8+Sj9+Sj10+Sd1+Sd2+Sd3+Sd4;	计算市区基本循环行驶距离
E11=Ej1+Ej3+Ej4+Ej6+Ej7+Ej8+Ed1+Ed2+Ed3+Ed4;	计算市区基本循环能量消耗
S10=4*S11;	计算市区循环行驶距离
E10=4*E11;	计算市区循环能量消耗
uj11=15;u011=0;aj11=0.69;	速度和加速度赋值
Sj11=(uj11^2-u011^2)/25920/aj11;	计算行驶距离
Pj11=uj11*(m*g*f+Cd*A*uj11^2/21.15+dt*m*aj11)/3600/nt;	计算需求功率
Ej11=Pj11*Sj11/uj11/ne;	计算能量消耗
uj12=35;u012=15;aj12=0.51;	速度和加速度赋值
Sj12=(uj12^2-u012^2)/25920/aj12;	计算行驶距离
Pj12=uj12*(m*g*f+Cd*A*uj12^2/21.15+dt*m*aj12)/3600/nt;	计算需求功率
Ej12=Pj12*Sj12/uj12/ne;	计算能量消耗
uj13=50;u013=35;aj13=0.42;	速度和加速度赋值

程序	注释
Sj13=(uj13^2-u013^2)/25920/aj13;	计算行驶距离
Pj13=uj13*(m*g*f+Cd*A*uj13^2/21.15+dt*m*aj13)/3600/nt;	计算需求功率
Ej13=Pj13*Sj13/uj13/ne;	计算能量消耗
uj14=70;u014=50;aj14=0.40;	速度和加速度赋值
Sj14=(uj14^2-u014^2)/25920/aj14;	计算行驶距离
Pj14=uj14*(m*g*f+Cd*A*uj14^2/21.15+dt*m*aj14)/3600/nt;	计算需求功率
Ej14=Pj14*Sj14/uj14/ne;	计算能量消耗
ud5=70;t5=50;	行驶速度和时间赋值
Sd5=ud5*t5/3600;	计算行驶距离
Pd5=ud5*(m*g*f+Cd*A*ud5^2/21.15)/3600/nt;	计算需求功率
Ed5=Pd5*Sd5/ud5/ne;	计算能量消耗
uj15=50;u015=70;aj15=-0.69;	速度和减速度赋值
Sj15=(uj15^2-u015^2)/25920/aj15;	计算行驶距离
ud6=50;t6=69;	行驶速度和时间赋值
Sd6=ud6*t6/3600;	计算行驶距离
Pd6=ud6*(m*g*f+Cd*A*ud6^2/21.15)/3600/nt;	计算需求功率
Ed6=Pd6*Sd6/ud6/ne;	计算能量消耗
uj16=70;u016=50;aj16=0.43;	速度和加速度赋值
Sj16=(uj16^2-u016^2)/25920/aj16;	计算行驶距离
Pj16=uj16*(m*g*f+Cd*A*uj16^2/21.15+dt*m*aj16)/3600/nt;	计算需求功率
Ej16=Pj16*Sj16/uj16/ne;	计算能量消耗
ud7=70;t7=50;	行驶速度和时间赋值
Sd7=ud7*t7/3600;	计算行驶距离
Pd7=ud7*(m*g*f+Cd*A*ud7^2/21.15)/3600/nt;	计算需求功率
Ed7=Pd7*Sd7/ud7/ne;	计算能量消耗
uj17=100;u017=70;aj17=0.24;	速度和加速度赋值
Sj17=(uj17^2-u017^2)/25920/aj17;	计算行驶距离
Pj17=uj17*(m*g*f+Cd*A*uj17^2/21.15+dt*m*aj17)/3600/nt;	计算需求功率
Ej17=Pj17*Sj17/uj17/ne;	计算能量消耗
ud8=100;t8=30;	行驶速度和时间赋值
Sd8=ud8*t8/3600;	计算行驶距离
Pd8=ud8*(m*g*f+Cd*A*ud8^2/21.15)/3600/nt;	计算需求功率
Ed8=Pd8*Sd8/ud8/ne;	计算能量消耗
uj18=120;u018=100;aj18=0.28;	速度和加速度赋值
Sj18=(uj18^2-u018^2)/25920/aj18;	计算行驶距离
Pj18=uj18*(m*g*f+Cd*A*uj18^2/21.15+dt*m*aj18)/3600/nt;	计算需求功率
Ej18=Pj18*Sj18/uj18/ne;	计算能量消耗
ud9=120;t9=10;	行驶速度和时间赋值
Sd9=ud9*t9/3600;	计算行驶距离
Pd9=ud9*(m*g*f+Cd*A*ud9^2/21.15)/3600/nt;	计算需求功率
Ed9=Pd9*Sd9/ud9/ne;	计算能量消耗

程序	注释
uj19=80;u019=120;aj19=-0.69;	速度和减速度赋值
Sj19=(uj19^2-u019^2)/25920/aj19;	计算行驶距离
uj20=50;u020=80;aj20=-1.04;	速度和减速度赋值
Sj20=(uj20^2-u020^2)/25920/aj20;	计算行驶距离
uj21=0;u021=50;aj21=-1.39;	速度和减速度赋值
Sj21=(uj21^2-u021^2)/25920/aj21;	计算行驶距离
S20=Sj11+Sj12+Sj13+Sj14+Sj15+Sj16+Sj17+Sj18+Sj19+Sj20+Sj21+Sd5+Sd6+Sd7+Sd8+Sd9;	计算市郊循环行驶距离
E20=Ej11+Ej12+Ej13+Ej14+Ej16+Ej17+Ej18+Ed5+Ed6+Ed7+Ed8+Ed9;	计算市郊循环能量消耗
E=Ue*Ce/1000;	计算电池能量
S1=S10+S20;	计算 NEDC 循环行驶距离;
E1=E10+E20;	计算 NEDC 循环能量消耗
S=S1*E./E1	计算循环工况续驶里程

在 MATLAB 编辑器中输入这些程序，点击运行按钮，可以得到电动汽车续驶里程为 308km，满足设计要求。

实例十二

增程式电动汽车传动系统匹配仿真

增程式电动汽车（Extended-Range Electric Vehicle，E-REV）是以电能为主要驱动能源、发动机为辅助动力源的一种新型电动汽车。其动力系统主要由动力电池和小型发电机组组成。在日常行驶时，E-REV 类似于纯电动汽车，发动机完全关闭，处于纯电动模式，该模式完全可以满足城市日常上下班行驶需求而不需要启动发动机。而在动力电池荷电状态（SOC）达到较低水平时，发动机启动作为主动力源，补充车辆行驶所需的电能，多余的电能对动力电池进行充电。

增程式电动汽车传动系统匹配原则是根据整车动力总成结构特点和整车设计指标（动力性、经济性、续驶里程等），对整车动力总成的参数进行匹配。

 **任务描述**

主要任务：
1. 驱动电机参数匹配
2. 蓄电池参数匹配
3. 增程器参数匹配

增程式电动汽车传动系统匹配仿真所需参数见表 12-1。

表 12-1 增程式电动汽车传动系统匹配仿真所需参数

整车质量/kg	滚动阻力系数	空气阻力系数	迎风面积/m^2
1700	0.015	0.29	1.97
轮胎滚动半径/m	旋转质量换算系数	传动系统效率	主减速器传动比
0.334	1.2	0.95	6.058

增程式电动汽车设计目标：最高车速大于或等于 120km/h；0～100km/h 加速时间不大于 14s；最大爬坡度大于或等于 30%；纯电动行驶里程城市工况小于 60km，90km/h 巡航大于 60km；总续驶里程大于或等于 300km。

任务实施过程

1. 驱动电机参数匹配

增程式电动汽车对驱动电机系统的要求更加严格,因此选取的驱动电机应该具备更高的功率密度,而且在较宽的转速和转矩范围内具备更好的效率特性,同时驱动电机控制器能实现双向控制,以实现制动能量回收。

驱动电机是增程式电动汽车行驶的动力源,增程式电动汽车要求驱动电机在爬坡或低速行驶时提供较大的转矩,在加速时提供较大的功率,同时需要比较大的调速范围。其中电机峰值转矩应满足整车爬坡度需求,在减速比、车轮半径等参数固定的情况下,电机转矩决定爬坡性能。

需要确定的特性参数主要包括电机的最高转速和额定转速、峰值功率和额定功率、峰值转矩和额定转矩等。最高转速与最高车速和主减速器传动比相关;峰值功率主要体现在车辆加速和爬坡工况;额定功率体现于车辆平稳运行工况。

(1) 电机的最高转速和额定转速。电动汽车最高车速与电机最高转速之间的关系为

$$n_{\max}=\frac{u_{\max}i_{\mathrm{t}}}{0.377r} \tag{12-1}$$

式中,$n_{\max}$ 为电机的最高转速;$u_{\max}$ 为电动汽车的最高车速;i_{t} 为传动系统传动比;r 为轮胎滚动半径。

电机的最高转速与额定转速之比称为扩大恒功率区系数,一般用 β 来表示,即

$$\beta=\frac{n_{\max}}{n_{\mathrm{e}}} \tag{12-2}$$

式中,n_{e} 为电机的额定转速。

β 值越大,转速越低,转矩越高,越有利于提高车辆的加速和爬坡性能,稳定运行性能越好,但同时功率变换器尺寸也会增大,因此 β 值不宜过高,通常取值为 2~4。

根据表 12-1 中的数据和式(12-1),取最高车速为 140km/h,可以计算出电机的最高转速为 6735.5r/min。β 取 2.5,则电机的额定转速为 2649.2r/min。

因此,电机的额定转速和最高转速分别取 3000r/min 和 7000r/min。

(2) 电机的功率。驱动电机的功率对整车的动力性具有直接影响,电机功率越大,整车运行时的后备功率也越大,加速以及爬坡能力越强,但同时也会增加电机本身的体积和质量,进而影响整车的质量。驱动电机的额定功率一般由最高车速确定,峰值功率由整车的设计目标来确定,峰值功率应该达到最高车速、加速时间以及爬坡性能分别对应的最大功率需求。

电动汽车以最高车速在平坦道路上行驶所需的电机功率为

$$P_{\mathrm{m1}}=\frac{u_{\max}}{3600\eta_{\mathrm{t}}}\left(mgf+\frac{C_{\mathrm{D}}Au_{\max}^{2}}{21.15}\right) \tag{12-3}$$

式中,P_{m1} 为电动汽车以最高车速在平坦道路上行驶所需的电机功率;$u_{\max}$ 为最高车速;m 为整车质量;η_{t} 为传动系统效率;f 为滚动阻力系数;C_{D} 为迎风阻力系数;A 为迎风面积。

电动汽车以某一车速爬上最大坡度所需的电机功率为

$$P_{m2} = \frac{u_p}{3600\eta_t}\left(mgf\cos\alpha_{max} + mg\sin\alpha_{max} + \frac{C_D A u_p^2}{21.15}\right) \tag{12-4}$$

式中，P_{m2} 为电动汽车以某一车速爬上最大坡度所需的电机功率；u_p 为电动汽车爬坡速度；α_{max} 为最大坡度角。

加速时间所需要的电机功率完全由车辆的加速性能、电机特性和传输特性来确定，即

$$P_{m3} = \frac{1}{1000\eta_t}\left[\frac{2}{3}mgfu_f + \frac{1}{5}\rho_a C_D A u_f^3 + \frac{\delta m}{2t_a}(u_f^2 + u_b^2)\right] \tag{12-5}$$

式中，P_{m3} 为加速时间所需的电机功率；u_f 为加速终止车速；u_b 为驱动电机额定转速对应的车速；t_a 为预期的加速时间；δ 为旋转质量换算系数；ρ_a 为空气密度。

式 (12-5) 的第一、二项分别代表克服滚动阻力和空气阻力的平均功率，第三项功率代表用来加速车辆质量的能力。

综合考虑电动汽车动力性各项指标，电机的额定功率和峰值功率分别为

$$P_e \geqslant P_{m1} \tag{12-6}$$

$$P_{emax} \geqslant \max(P_{m1} \quad P_{m2} \quad P_{m3}) \tag{12-7}$$

电机的峰值功率与额定功率的关系为

$$P_{emax} = \lambda P_e \tag{12-8}$$

式中，P_e 为电机的额定功率；P_{emax} 为电机的峰值功率；λ 为电机的过载系数。

正确选择驱动电机的额定功率非常重要。如果选择过小，电机经常在过载状态下运行；相反，如果选择太大，电机经常在欠载状态下运行，效率及功率因数降低，不仅浪费电能，而且增加了动力电池的容量，综合经济效益下降。

根据电机功率需求表达式，编写驱动电机功率需求仿真的 MATLAB 程序如下。

程序	注释
m=1700;g=9.8;f=0.015;Cd=0.29;A=1.97;r=0.334;at=0.95;	汽车参数赋值
u=0:5:140;	设置最高车速范围
Pm1=u.*(m*g*f+Cd*A*u.^2/21.15)/3600/at;	根据最高车速计算电机功率
figure(1)	设置图形窗口1
plot(u,Pm1)	绘制电机功率-最高车速曲线
xlabel('最高车速/(km/h)')	x 轴标注
ylabel('电机功率/kW')	y 轴标注
taf=0:0.01:0.6;	设置最大坡度
af=atan(taf);	计算最大坡度角
up=30;	设置爬坡速度范围
Pm2=up*(m*g*f*cos(af)+m*g*sin(af)+Cd*A*up^2/21.15)/3600/at;	根据最大爬坡度求电机功率
figure(2)	设置图形窗口2
plot(taf*100,Pm2)	绘制电机功率-爬坡度曲线
axis([0 60 0 80]);	设置坐标轴范围
xlabel('爬坡度/%')	x 轴标注
ylabel('电机功率/kW')	y 轴标注
uf=27.78;	加速终止速度赋值

程序	注释

ub=17.32;
lo=1.2258;
dt=1.2;
te=5:0.1:15;
Pm3=(2*m*g*f*uf/3+lo*Cd*A*uf^3/5+dt*m*(uf^2+ub^2)./te./2)/1000/at;
figure(3)
plot(te,Pm3)
xlabel('加速时间/s')
ylabel('电机功率/kW')
Pm11=140*(m*g*f+Cd*A*140^2/21.15)/3600/at;
af=atan(0.3);
Pm22=30*(m*g*f*cos(af)+m*g*sin(af)+Cd*A*20^2/21.15)/3600/at;
Pm33=(2*m*g*f*uf/3+lo*Cd*A*uf^3/5+dt*m*(uf^2+ub^2)/12/2)/1000/at;
fprintf('电机需求功率 Pm1=%.2fkW\n',Pm11)
fprintf('电机需求功率 Pm2=%.2fkW\n',Pm22)
fprintf('电机需求功率 Pm3=%.2fkW\n',Pm33)
	电机额定转速对应的车速赋值
	空气密度赋值
	旋转质量换算系数赋值
	设置加速时间范围
	根据加速时间求电机功率
	设置图形窗口3
	绘制电机功率-加速时间曲线
	x轴标注
	y轴标注
	求电机需求功率1
	计算坡度角
	求电机需求功率2
	求电机需求功率3
	输出电机需求功率1
	输出电机需求功率2
	输出电机需求功率3

在 MATLAB 编辑器中输入这些程序，点击运行按钮，就会得到电机功率-最高车速曲线（图 12-1）、电机功率-爬坡度曲线（图 12-2）、电机功率-加速时间曲线（图 12-3），同时输出满足最高车速所需的电机功率 $P_{m1}=31.9\text{kW}$、满足最大爬坡度所需的电机功率 $P_{m2}=44.19\text{kW}$、满足加速时间所需的电机功率 $P_{m3}=103.92\text{kW}$。

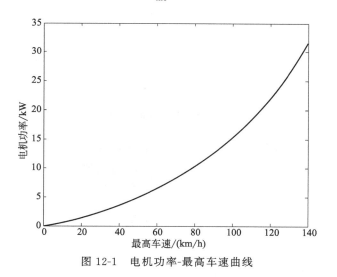

图 12-1 电机功率-最高车速曲线

设计中，驱动电机的额定功率一般由最高车速确定，最高车速功率约为 32kW，综合考虑过载系数越大，电机设计的难度越大，电机额定功率的下限值要小于加速性能要求的电机峰值功率的一半，因此对过载系数进行匹配取值 2.5，则 $P_e=42\text{kW}$。按照电动汽车用电机

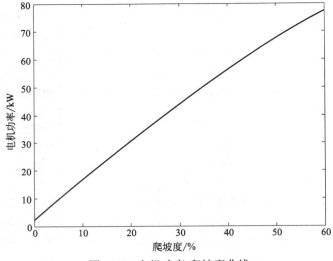

图 12-2 电机功率-爬坡度曲线

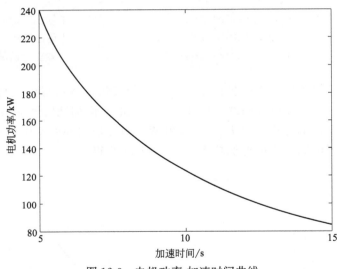

图 12-3 电机功率-加速时间曲线

及其控制器技术条件中对电机功率的规范,确定额定功率为 42kW,峰值功率为 103kW,根据不同车速巡航行驶的功率需求也可以看出电机的峰值功率远远大于额定功率。

(3)电机的转矩。电机的额定转矩和峰值转矩分别为

$$T_e = \frac{9550 P_e}{n_e} \tag{12-9}$$

$$T_{emax} = \frac{9550 P_{emax}}{n_e} \tag{12-10}$$

式中,T_{emax} 为电机的峰值转矩;T_e 为电机的额定转矩;n_e 为电机的额定转速。

将电机额定功率、峰值功率和额定转速代入式(12-9)和式(12-10),可以得到电机的额

定转矩为134N·m，电机的峰值转矩为328N·m。

驱动电机参数初步确定之后，还需验证是否满足一定车速下的最大爬坡度和汽车行驶最高车速的要求，即

$$\frac{mg}{T_{emax}\eta_t}\left(f\cos\alpha_{max}+\sin\alpha_{max}+\frac{C_DAu_p^2}{21.15mg}\right)\leqslant\frac{i_0}{r}\leqslant\frac{0.377n_{max}}{u_{max}} \tag{12-11}$$

计算得 $5.44\leqslant i_0\leqslant 6.2959$，主减速器传动比为6.058，因此驱动电机的匹配参数满足动力性能指标要求。

综上所述，驱动电机匹配参数见表12-2。

表12-2 驱动电机匹配参数

参数名称	参数值
额定功率/kW	42
峰值功率/kW	103
额定转矩/N·m	134
峰值转矩/N·m	328
额定转速/(r/min)	3000
最高转速/(r/min)	7000

2. 蓄电池参数匹配

动力电池是整车驱动的主要能量源，是能量储存装置，应具有良好的充放电性能用以保证车辆的动力性和再生制动回收的能力，其容量应能够满足增程式电动汽车性能要求的纯电动续驶里程；其电压等级要与电力系统电压等级和变化范围一致；其充放电功率应能够满足整车驱动和电器负载的功率要求。

（1）能量需求。能量方面，要求动力电池在现有技术条件下，具有较高的比能量和比功率，以及充放电循环使用寿命、良好的安全性和稳定性。

动力电池首先能够满足车辆以匀速行驶达到的续驶里程，其容量满足的条件为

$$C_E\geqslant\frac{mgf+C_DAu^2/21.15}{3.6\mathrm{DOD}\eta_t\eta_{mc}\eta_{dis}(1-\eta_a)U_b}S_1 \tag{12-12}$$

式中，C_E 为纯电动匀速行驶达到设计目标里程的动力电池容量；S_1 为纯电动匀速行驶设计目标里程，取60km；DOD为动力电池放电深度；η_{mc} 为驱动电机效率，取0.9；η_{dis} 为动力电池放电效率，取0.95；η_a 为汽车附件能量消耗比例系数，取0.18；U_b 为电池端电压，取288V。

根据能量需求，编写动力电池容量需求仿真的MATLAB程序如下。

程序	注释
m=1700;g=9.8;f=0.015;Cd=0.29;A=1.97;at=0.95;	汽车参数赋值
amc=0.9;adis=0.95;aa=0.18;	电机电池参数赋值
Ub=288;	动力系统直流母线电压赋值
u=140;	设置最高车速
S1=30:1:80;	设置纯电动续驶里程范围
DOD=[0.6 0.7 0.8];	设置电池放电深度

程序	注释

`for i=1:3`
`CE=S1*(m*g*f+Cd*A*u^2/21.15)/(3.6*DOD(i)*at*amc`
`*adis*(1-aa)*Ub);`
`gss='-:--';`
`plot(S1,CE,[gss(2*i-1)gss(2*i)])`
`hold on`
`end`
`xlabel('纯电动续驶里程/km')`
`ylabel('电池容量/A.h')`
`legend('电池放电深度 60%','电池放电深度 70%','电池放电深度 80%')`
`CE1=60*(m*g*f+Cd*A*u^2/21.15)/(3.6*0.7*at*amc*adis*(1-aa)*Ub);`
`fprintf('蓄电池容量 CE=%.2fA.h\n',CE1)`
	循环开始
	蓄电池容量计算
	
	设置线型
	电池容量-纯电动续驶里程曲线
	保存图形
	循环结束
	x 轴标注
	y 轴标注
	曲线标注
	
	计算蓄电池容量
	
	蓄电池容量输出

在 MATLAB 编辑器中输入这些程序,点击运行按钮,就会得到不同电池放电深度下的电池容量-纯电动续驶里程曲线(图 12-4),同时输出行驶速度为 100km/h、电池放电深度为 70%、所需的电池容量 $C_E \geq 64.55 \text{A} \cdot \text{h}$。

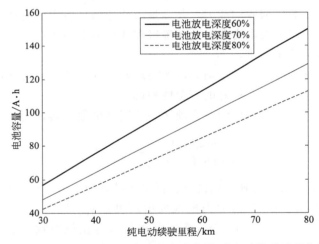

图 12-4 不同电池放电深度下的电池容量-纯电动续驶里程曲线

(2) 功率需求。动力电池组容量的选取原则主要是考虑其能否满足纯电动汽车续驶里程要求,而对于电池组的最大放电功率,则主要考虑其能否满足整车所有用电设备的功率需求。

动力电池的最大放电功率需满足的条件为

$$P_{\text{bat\_max}} \geq \frac{P_{\text{emax}}}{\eta_{\text{mc}}} + P_A \tag{12-13}$$

式中,$P_{\text{bat\_max}}$ 为动力电池最大放电功率;P_A 为车辆附件功率,取 4.5kW。

功率要求的动力电池容量满足的条件为

$$C_P \geqslant \frac{1000}{kU_b}\left(\frac{P_{emax}}{\eta_{mc}}+P_A\right) \quad (12\text{-}14)$$

式中，C_P 为功率要求的动力电池容量；k 为电池最大放电率，取 $6.5h^{-1}$。

利用式(12-14)可以计算得到功率要求的动力电池容量 $C_P \geqslant 63.54 \text{A} \cdot \text{h}$。

动力电池容量需满足能量和功率的需求，取值规则为

$$C = \max(C_E \quad C_P) \quad (12\text{-}15)$$

综上所述，动力电池类型选择磷酸铁锂电池，动力电池匹配参数见表12-3。

表 12-3　动力电池匹配参数

参数名称	参数值
电池容量/A·h	65
电池单体个数	90
单体电池电压/V	3.2
额定电压/V	288

3. 增程器参数匹配

增程器采用车载式，与纯电动汽车的动力系统固定在一起，这样的系统结构形式简单。增程器的作用是在动力电池 SOC 低于设定值时或者动力电池出故障时保证车辆继续正常行驶，在增程模式下，发动机提供源动力，要求具有相当的动力性，故需要匹配发动机/发电机的参数。

发动机功率的选择对增程式电动汽车动力系统的设计至关重要。发动机选型设计中常按照汽车的最高车速来初步选择发动机功率，这是因为汽车的加速性能和爬坡性能可以由汽车的最高车速来体现。发动机输出功率满足的条件为

$$P_{RE} = \frac{1}{3600\eta_t}\left(mgfu_{max}+\frac{C_D A u_{max}^3}{21.15}\right) \quad (12\text{-}16)$$

发动机额定功率的选择应大于上述计算的理论值，以承载连续的非牵引负载，如灯光、娱乐、空调、动力转向和制动增压等。

根据式(12-16)，编写发动机输出功率需求仿真的 MATLAB 程序如下。

程序	注释
m=1700;g=9.8;f=0.015;Cd=0.29;A=1.97;at=0.95;	汽车参数赋值
u=0:5:140;	设置最高车速范围
PRE=u.*(m*g*f+Cd*A*u.^2/21.15)/3600/at;	根据最高车速计算发动机功率
plot(u,PRE)	绘制发动机功率-最高车速曲线
xlabel('最高车速/(km/h)')	x轴标注
ylabel('发动机功率/kW')	y轴标注
PRE1=140*(m*g*f+Cd*A*140^2/21.15)/3600/at;	求发动机需求功率
fprintf('发动机需求功率 PRE1=%.2fkW\n',PRE1)	输出发动机需求功率

在 MATLAB 编辑器中输入这些程序，点击运行按钮，就会得到发动机功率-最高车速

曲线，如图 12-5 所示。如果最高车速选择 140km/h，则发动机输出功率要大于 32kW。

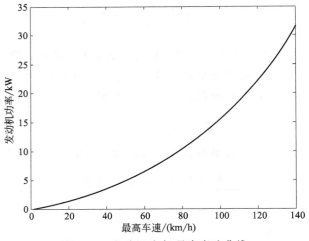

图 12-5　发动机功率-最高车速曲线

实例十三

混合动力电动汽车传动系统匹配仿真

混合动力电动汽车分为串联式、并联式和混联式。其中并联式混合动力电动汽车有发动机和电机两套驱动系统，它们可以分开工作，也可以一起协调工作，共同驱动。因此，并联式混合动力电动汽车可以在比较复杂的工况下使用，应用范围较广。本实例采用并联式混合动力电动汽车。

任务描述

主要任务：
1. 发动机和驱动电机参数匹配
2. 机械变速结构传动比匹配
3. 蓄电池参数匹配

混合动力电动汽车传动系统匹配仿真所需参数见表13-1。

表13-1 混合动力电动汽车传动系统匹配仿真所需参数

整车质量/kg	滚动阻力系数	空气阻力系数	迎风面积/m^2	轮胎滚动半径/m
2470	0.012	0.62	6.216	0.364
旋转质量换算系数	传动系统效率	电机效率	电池放电效率	附件能量消耗比例系数
1.3	0.95	0.9	0.95	0.18

并联式混合动力电动汽车设计目标：混合驱动模式下最高车速不低于100km/h；混合驱动模式下30km/h的最大爬坡度为30%；混合驱动模式下0～100km/h加速时间为14s；纯发动机模式最高车速为85km/h；纯电机模式最高车速为60km/h；混合度大于40%；纯电动续驶里程为30km。

任务实施过程

1. 发动机和驱动电机参数匹配

根据并联式混合动力电动汽车基本参数和设计目标,将发动机和电机一同考虑进行整车最大总功率的匹配,通过整车最大总功率的分配,确定发动机与电机的主要参数。

(1) 发动机和电机功率的匹配。并联式混合动力电动汽车在运行过程中,其动力来源于发动机和电机。发动机和电机的总功率取决于并联式混合动力电动汽车混合驱动时的最高车速、爬坡能力以及加速性能;发动机最大功率则取决于汽车纯发动机模式时的最高车速;电机峰值功率取决于汽车纯电机模式时的最高车速。下面将从并联式混合动力电动汽车混合驱动时的最高车速、爬坡度和加速性能、汽车纯发动机模式时的最高车速、汽车纯电机模式时的最高车速五个方面进行发动机和电机功率的匹配。

① 根据并联式混合动力电动汽车混合驱动时最高车速确定的整车最大总功率为

$$P_{\text{max1}} = \frac{u_{\text{max}}}{3600\eta_t}\left(mgf + \frac{C_D A u_{\text{max}}^2}{21.15}\right) \tag{13-1}$$

式中,P_{max1} 为根据并联式混合动力电动汽车混合驱动时最高车速确定的整车最大总功率;u_{max} 为并联式混合动力电动汽车混合驱动时的最高车速;m 为整车质量;η_t 为传动系统效率;f 为轮胎滚动阻力系数;C_D 为空气阻力系数;A 为迎风面积。

② 根据并联式混合动力电动汽车最大爬坡度确定的整车最大总功率为

$$P_{\text{max2}} = \frac{u_p}{3600\eta_t}\left(mgf\cos\alpha_{\max} + mg\sin\alpha_{\max} + \frac{C_D A u_p^2}{21.15}\right) \tag{13-2}$$

式中,P_{max2} 为根据并联式混合动力电动汽车最大爬坡度确定的整车最大总功率;$\alpha_{\max}$ 为最大坡度角;u_p 为爬坡速度。

③ 根据并联式混合动力电动汽车加速性能确定的整车最大功率为

$$P_{\text{max3}} = \frac{u}{3600\eta_t}\left(mgf + \frac{C_D A}{21.15}u^2 + \delta m \frac{du}{dt}\right) \tag{13-3}$$

式中,P_{max3} 为根据并联式混合动力电动汽车加速性能确定的整车最大总功率;δ 为旋转质量换算系数;u 为行驶速度;$\frac{du}{dt}$ 为加速度。

并联式混合动力电动汽车由静止起步加速过程中,行驶速度为

$$u = u_e\left(\frac{t}{t_e}\right)^{0.5} \tag{13-4}$$

式中,u_e 为加速终止时的速度;t_e 为由静止加速到 u_e 所需要的时间;t 为加速时间。

根据加速时间所确定的整车最大功率为

$$P_{\text{max3}} = \frac{1}{3600\eta_t}\left(mgf\frac{u_e}{1.5} + \frac{C_D A u_e^3}{52.875} + \delta m \frac{u_e^2}{7.2 t_e}\right) \tag{13-5}$$

并联式混合动力电动汽车整车最大总功率为

$$P_{\text{total}} \geq \max(P_{\text{max1}}, P_{\text{max2}}, P_{\text{max3}}) \tag{13-6}$$

④ 根据并联式混合动力电动汽车纯发动机模式最高车速确定的发动机最大功率为

$$P_{\text{fmax}} = \frac{u_{\text{fmax}}}{3600\eta_t}\left(mgf + \frac{C_D A u_{\text{fmax}}^2}{21.15}\right) \tag{13-7}$$

式中，P_{fmax} 为根据并联式混合动力电动汽车纯发动机模式最高车速确定的发动机最大功率；u_{fmax} 为并联式混合动力电动汽车纯发动机模式的最高车速。

⑤ 根据并联式混合动力电动汽车纯电机模式最高车速确定的电机峰值功率为

$$P_{\text{emax}} = \frac{u_{\text{emax}}}{3600\eta_t}\left(mgf + \frac{C_D A u_{\text{emax}}^2}{21.15}\right) \tag{13-8}$$

式中，P_{emax} 为根据并联式混合动力电动汽车纯电机模式最高车速确定的电机峰值功率；u_{emax} 为并联式混合动力电动汽车纯电机模式的最高车速。

根据发动机和电机匹配数学模型，编写发动机和电机功率需求仿真的 MATLAB 程序如下。

程序	注释
`m=2470;g=9.8;Cd=0.62;A=6.216;r=0.364;at=0.95;f=0.012;`	汽车参数赋值
`u=0:5:120;`	设置最高车速范围
`Pm1=u.*(m*g*f+Cd*A*u.^2/21.15)/3600/at;`	根据速度计算总功率
`figure(1)`	设置图形窗口 1
`plot(u,Pm1)`	绘制整车总功率-最高车速曲线
`xlabel('最高车速/(km/h)')`	x 轴标注
`ylabel('整车总功率/kW')`	y 轴标注
`Pm11=120*(m*g*f+Cd*A*120^2/21.15)/3600/at;`	根据最高车速计算总功率
`fprintf('整车最大总功率 Pm1=%.2fkW\n',Pm11)`	输出整车最大总功率
`ui=0:5:50;`	设置爬坡速度范围
`af=16.69*pi/180;`	计算最大坡度角
`Pm2=ui.*(m*g*f*cos(af)+m*g*sin(af)+Cd*A*ui.^2/21.15)/3600/at;`	根据最大爬坡度求总功率
`figure(2)`	设置图形窗口 2
`plot(ui,Pm2)`	绘制整车总功率-爬坡速度曲线
`xlabel('爬坡速度/(km/h)')`	x 轴标注
`ylabel('整车总功率/kW')`	y 轴标注
`Pm21=30*(m*g*f*cos(af)+m*g*sin(af)+Cd*A*30^2/21.15)/3600/at;`	计算爬坡速度为 30km/h 时总功率
`fprintf('整车最大总功率 Pm2=%.2fkW\n',Pm21)`	输出整车最大总功率
`figure(3)`	设置图形窗口 3
`ue=100;`	加速终止速度赋值
`dt=1.3;`	旋转质量换算系数赋值
`te=5:0.1:20;`	设置加速时间范围
`Pm3=(m*g*f*ue./1.5+Cd*A*ue^3./52.875+dt*m*ue^2./te./7.2)./3600/at;`	根据加速时间计算总功率
`plot(te,Pm3)`	绘制整车总功率-加速时间曲线
`xlabel('加速时间/s')`	x 轴标注
`ylabel('整车总功率/kW')`	y 轴标注

程序	注释
Pm31=100*(m*g*f/1.5+Cd*A*100^2/52.875+dt*m*100/7.2/14)/3600/at;	根据百公里加速时间求功率
fprintf('整车最大总功率 Pm3=%.2fkW\n',Pm31)	输出整车最大总功率
u=0:5:90;	设置纯发动机模式速度范围
Pm4=u.*(m*g*f+Cd*A*u.^2/21.15)/3600/at;	计算发动机功率
figure(4)	设置图形窗口4
plot(u,Pm4)	绘制发动机功率-最高车速曲线
xlabel('最高车速/(km/h)')	x轴标注
ylabel('发动机功率/kW')	y轴标注
Pm41=85*(m*g*f+Cd*A*85^2/21.15)/3600/at;	计算发动机最大功率
fprintf('发动机最大功率 Pm4=%.2fkW\n',Pm41)	输出发动机最大功率
u=0:5:80;	设置纯电机模式速度范围
Pm5=u.*(m*g*f+Cd*A*u.^2/21.15)/3600/at;	计算电机功率
figure(5)	设置图形窗口5
plot(u,Pm5)	绘制电机功率-最高车速曲线
xlabel('最高车速/(km/h)')	x轴标注
ylabel('电机功率/kW')	y轴标注
Pm51=60*(m*g*f+Cd*A*60^2/21.15)/3600/at;	计算电机峰值功率
fprintf('电机峰值功率 Pm5=%.2fkW\n',Pm51)	输出电机峰值功率

在 MATLAB 编辑器中输入这些程序,点击运行按钮,就会得到整车总功率-最高车速曲线(图 13-1)、整车总功率-爬坡速度曲线(图 13-2)、整车总功率-加速时间曲线(图 13-3)、发动机功率-最高车速曲线(图 13-4)、电机功率-最高车速曲线(图 13-5)。同时根据并联式混合动力电动汽车混合驱动模式最高车速确定的整车最大总功率 $P_{max1}=102.26kW$;根据最大爬坡度确定的整车最大总功率 $P_{max2}=64.86kW$;根据加速时间确定的整车最大功率 $P_{max3}=120.12kW$;根据并联式混合动力电动汽车纯发动机模式最高车速确定的发动机最大功率 $P_{fmax}=39.94kW$;根据并联式混合动力电动汽车纯电机模式最高车速确定的电机峰值功率 $P_{emax}=16.6kW$。

选择发动机的最大功率为 70kW,电机的峰值功率为 50kW,混合度为 41.7%。

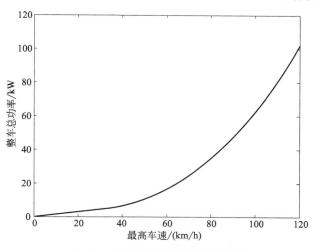

图 13-1 整车总功率-最高车速曲线

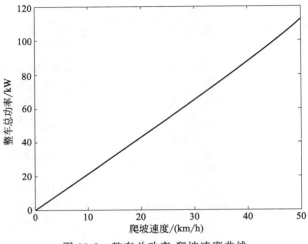

图 13-2　整车总功率-爬坡速度曲线

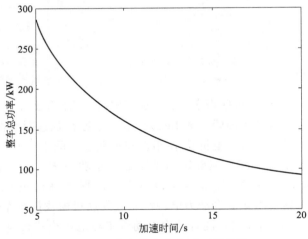

图 13-3　整车总功率-加速时间曲线

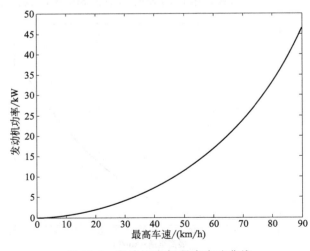

图 13-4　发动机功率-最高车速曲线

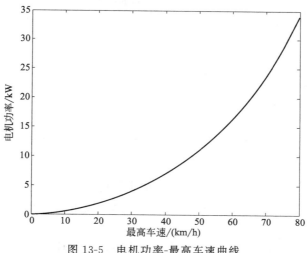

图 13-5 电机功率-最高车速曲线

(2) 发动机参数的确定。根据发动机最大功率匹配结果，选取一款柴油机，主要参数见表 13-2。

表 13-2 发动机匹配参数

参数名称	参数值
最大功率/kW	70
最大功率转速/(r/min)	4000
最大转矩/N·m	223
最大转矩转速/(r/min)	1900
最高转速/(r/min)	4400

(3) 电机参数的确定。已经确定电机的峰值功率为 50kW。根据电机的设计经验，电机的过载系数在 2~3 之间取值，考虑到过载系数较大时电机的设计难度较大，过载系数取值为 2。由于过载系数是电机峰值功率与额定功率的比值，电机的额定功率为 25kW。

由于车用电机一般选用中高速电机，同时考虑到电机的功率密度与可靠性因素，选择电机的最高转速为 6000r/min。电机用扩大恒功率系数 β 来表示电机最高转速与额定转速的比值，β 一般在 2~4 之间取值，β 取 2.5，那么电机的额定转速为 2400r/min。

电机的额定转矩和峰值转矩分别为

$$T_e = \frac{9550 P_e}{n_e} \tag{13-9}$$

$$T_{emax} = \frac{9550 P_{emax}}{n_e} \tag{13-10}$$

式中，T_e 为电机的额定转矩；P_e 为电机的额定功率；n_e 为电机的额定转速；T_{emax} 为电机的峰值转矩；P_{emax} 为电机的峰值功率。

将电机额定功率、峰值功率和额定转速代入式(13-9) 和式(13-10)，可以得到电机的额定转矩为 99N·m，电机的峰值转矩为 198N·m。

综上所述，驱动电机匹配参数见表 13-3。

表 13-3 驱动电机匹配参数

参数名称	参数值
额定功率/kW	25
峰值功率/kW	50
额定转矩/N·m	99
峰值转矩/N·m	198
额定转速/(r/min)	2400
最高转速/(r/min)	6000
额定电压/V	336

2. 机械变速结构传动比匹配

机械变速结构是并联式混合动力电动汽车的主要传动装置，能够减速增扭。机械变速结构的匹配就是对机械变速结构中的转矩耦合器、变速器和主减速器进行匹配，确定它们的传动比。

（1）主减速器和转矩耦合器传动比的匹配。主减速器和转矩耦合器的传动比应满足并联式混合动力电动汽车纯发动机模式的最高车速要求，即

$$i_0 k_1 \leqslant \frac{0.377 n_{f\max} r}{u_{f\max}} \tag{13-11}$$

式中，i_0 为主减速器传动比；k_1 为转矩耦合器从发动机端到输出轴的传动比；$n_{f\max}$ 为发动机最高转速；$u_{f\max}$ 为并联式混合动力电动汽车纯发动机模式的最高车速。

把已知的参数代入式(13-11)中，可得 $i_0 k_1 \leqslant 7.10$。

此外，当并联式混合动力电动汽车以最高车速行驶时，为了获得发动机最大功率，主减速比还应满足

$$i_0 k_1 \geqslant \frac{0.377 n_{ecp} r}{u_{f\max}} \tag{13-12}$$

式中，n_{ecp} 为发动机最大功率转速。

把已知的参数代入式(13-12)中，可得 $i_0 k_1 \geqslant 6.46$。

主减速器传动比与转矩耦合器从电机端到输出轴的传动比的选择应满足并联式混合动力电动汽车纯电机模式的最高车速要求，即

$$i_0 k_2 \leqslant \frac{0.377 n_{e\max} r}{u_{e\max}} \tag{13-13}$$

式中，k_2 为转矩耦合器从电机端到输出轴的传动比；$n_{e\max}$ 为电机最高转速；$u_{e\max}$ 为并联式混合动力电动汽车纯电机模式的最高车速。

把已知的参数代入式(13-13)中，可得 $i_0 k_2 \leqslant 13.72$。

此外，当并联式混合动力电动汽车以最高车速行驶时，为了获得电机最大功率，主减速比还应满足

$$i_0 k_2 \geqslant \frac{0.377 n_{mcp} r}{u_{e\max}} \tag{13-14}$$

式中，n_{mcp} 为电机峰值功率转速。

把已知的参数代入式(13-14)中，可得 $i_0 k_2 \geqslant 11.44$。

综上所述，$6.46 \leqslant i_0 k_1 \leqslant 7.10$，$11.44 \leqslant i_0 k_2 \leqslant 13.72$。

考虑到转矩耦合器和主减速器的体积大小，可以初步确定 i_0、k_1 和 k_2，见表 13-4。

表 13-4 主减速器和转矩耦合器传动比

组数	i_0	k_1	k_2
1	3.2	2.03	3.75
2	3.35	2.03	3.58
3	3.5	2.03	3.43

（2）变速器传动比的匹配。对于应用转矩耦合器的并联式混合动力电动汽车来说，当转矩耦合器和主减速器传动比确定时，只需要确定变速器一挡传动比就可以得到传动系统的最大传动比。

当并联式混合动力电动汽车以低速爬坡时，不考虑空气阻力，其最大驱动力为

$$F_{tmax} = F_f + F_{imax} \tag{13-15}$$

式中，F_{tmax} 为汽车的最大驱动力；F_f 为汽车的滚动阻力；F_{imax} 为汽车的坡度阻力。

式（13-15）可写为

$$\frac{T_{tqmax} i_{g1} i_0 k_1 \eta_t}{r} = mgf\cos\alpha_{max} + mg\sin\alpha_{max} \tag{13-16}$$

式中，T_{tqmax} 为发动机最大转矩；i_{g1} 为变速器一挡传动比；α_{max} 为最大坡度角。

变速器一挡传动比为

$$i_{g1} \geqslant \frac{mg(f\cos\alpha_{max} + \sin\alpha_{max})r}{T_{tqmax} i_0 k_1 \eta_t} \tag{13-17}$$

把已知的参数代入式（13-17）中，可得 $i_{g1} i_0 k_1 \geqslant 16.73$。
把式（13-11）的结果代入可得 $i_{g1} \geqslant 2.35$。

初步确定变速器一挡传动比为 2.5，将一挡传动比进行等比级数分配，可确定其他挡位的传动比，见表 13-5。

表 13-5 变速器各挡传动比

挡位	传动比
1	2.5
2	1.84
3	1.36
4	1.0
5	0.74

在确定变速器传动比后，需要验证所选的发动机是否满足汽车的功率需求。在进行参数匹配时，发动机和变速器传动比的选择是一个不断迭代的匹配过程，需要多次尝试后才可以得到最终的变速器传动比。

根据匹配的发动机，发动机转速与转矩数据见表 13-6。

表 13-6 发动机转速与转矩数据

转速/(r/min)	899	1194	1593	1892	2389	2788	3186	3584	3982	4400
转矩/N·m	121.8	152.3	200.8	217.3	206.5	198.5	187.4	176.5	161.5	103.2

利用表 13-6 中的转速与转矩数据，编写发动机转矩与转速关系曲线拟合的 MATLAB 程序如下：

程序	注释
n=[899,1194,1593,1892,2389,2788,3186,3584,3982,4400];	转速赋值
T=[121.8,152.3,200.8,217.3,206.5,198.5,187.4,176.5,161.5,103.2];	转矩赋值
cftool	调用曲线拟合工具箱

在 MATLAB 命令行窗口输入这些程序，进入曲线拟合工具箱界面 "Curve Fitting Tool"；利用 "X data" 和 "Y data" 下拉菜单读入转速数据 n 和转矩数据 T；选择多项式函数 "Polynomial"，再选择拟合阶数 "5"；自动拟合，就会在结果窗口和曲线窗口显示出拟合结果，如图 13-6 所示。

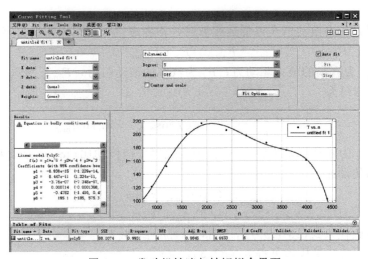

图 13-6 发动机转速与转矩拟合界面

根据图 13-6 中的结果窗口，可以得到发动机转矩与转速的关系为

$$T_{tq} = -6.936 \times 10^{-15} n^5 + 8.447 \times 10^{-11} n^4 - 3.76 \times 10^{-7} n^3 + 7.14 \times 10^{-4} n^2 - 0.4782 n + 195.1 \tag{13-18}$$

其中误差平方和为 88.1074；复相关系数为 0.9931；均方根误差为 4.6933。
汽车驱动力为

$$F_t = \frac{T_{tq} i_g i_0 k_1 \eta_t}{r} \tag{13-19}$$

式中，F_t 为驱动力；i_g 为变速器各挡传动比。
汽车行驶时的发动机功率为

$$P_e = \frac{F_t u}{3600} \tag{13-20}$$

汽车滚动阻力功率、空气阻力功率分别为

$$P_f = \frac{mgfu}{3600}$$

$$P_w = \frac{C_D A u^3}{76140} \tag{13-21}$$

汽车行驶速度与发动机转速的关系为

$$u = \frac{0.377nr}{i_g i_0 k_1} \tag{13-22}$$

根据表 13-4 和表 13-5，可以确定三组传动比，见表 13-7。

表 13-7　三组传动比数值

组数	1	2	3
i_0	3.2	3.35	3.5
k_1	2.03	2.03	2.03
k_2	3.75	3.58	3.43
i_{g1}	2.5	2.5	2.5
i_{g2}	1.84	1.84	1.84
i_{g3}	1.36	1.36	1.36
i_{g4}	1.0	1.0	1.0
i_{g5}	0.74	0.74	0.74

根据变速器传动比匹配数学模型，编写绘制汽车功率平衡图的 MATLAB 程序如下。

程序	注释
n=800:10:4400;	定义转速范围
Tq=195.1-0.4782*(n)+(7.14e-4)*(n).^2-(3.76e-7)*(n).^3+(8.447e-11)*(n).^4-(6.936e-15)*(n).^5;	计算发动机转矩
m=2470;g=9.8;r=0.364;nt=0.95;CD=0.62;A=6.216;f=0.012;i0=3.2;k1=2.03;	汽车参数赋值
ig=[2.5 1.84 1.36 1.00 0.74];	变速器传动比赋值
Ft1=Tq*ig(1)*i0*k1*nt/r;	计算一挡驱动力
Ft2=Tq*ig(2)*i0*k1*nt/r;	计算二挡驱动力
Ft3=Tq*ig(3)*i0*k1*nt/r;	计算三挡驱动力
Ft4=Tq*ig(4)*i0*k1*nt/r;	计算四挡驱动力
Ft5=Tq*ig(5)*i0*k1*nt/r;	计算五挡驱动力
ua1=0.377*r*n/ig(1)/i0/k1;	计算一挡速度
ua2=0.377*r*n/ig(2)/i0/k1;	计算二挡速度
ua3=0.377*r*n/ig(3)/i0/k1;	计算三挡速度
ua4=0.377*r*n/ig(4)/i0/k1;	计算四挡速度
ua5=0.377*r*n/ig(5)/i0/k1;	计算五挡速度
Pe1=Ft1.*ua1./3600;	计算一挡发动机功率
Pe2=Ft2.*ua2./3600;	计算二挡发动机功率
Pe3=Ft3.*ua3./3600;	计算三挡发动机功率
Pe4=Ft4.*ua4./3600;	计算四挡发动机功率
Pe5=Ft5.*ua5./3600;	计算五挡发动机功率
ua=0:5:120;	定义速度范围
Pf=m*g*f*ua/3600;	计算滚动阻力功率
Pw=CD*A*ua.^3/76140;	计算空气阻力功率
P=(Pf+Pw)./nt;	计算两功率之和
plot(ua1,Pe1,ua2,Pe2,ua3,Pe3,ua4,Pe4,ua5,Pe5,ua,P)	绘制功率曲线
xlabel('速度/(km/h)')	x 轴标注
ylabel('汽车功率/kW')	y 轴标注

程序	注释
text(26,70,'一挡'),text(40,70,'二挡'),text(55,70,'三挡')	对各曲线进行标注
text(80,70,'四挡'),text(110,70,'五挡'),text(90,80,'阻力功率')	对各曲线进行标注
Pw5=CD*A*ua5.^3/76140;	计算五挡空气阻力功率
Pf=m*g*f*ua5/3600;	计算五挡滚动阻力功率
Pz1=(Pf+Pw5)/nt;	计算五挡阻力功率
k=find(abs(Pe5-Pz1)<0.2);	计算最高车速
umax=ua5(k);	计算最高车速
fprintf('汽车最高车速 Vmax=%.2fkm/h\n',umax)	输出最高车速

在MATLAB编辑器中输入这些程序,点击运行按钮,改变主减速器传动比,就会得到汽车功率平衡图,如图13-7～图13-9所示,同时输出汽车最高车速分别为100.77km/h、101.95km/h、102.31km/h,也就是五挡功率和阻力功率交点所对应的速度。

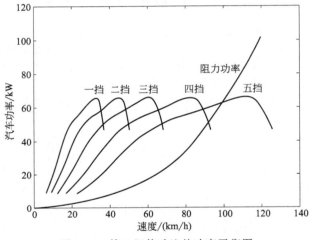

图13-7 第1组传动比的功率平衡图

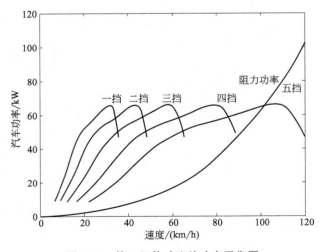

图13-8 第2组传动比的功率平衡图

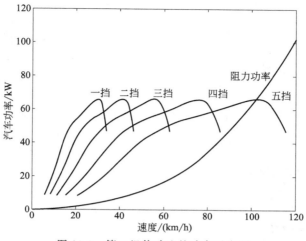

图 13-9　第 3 组传动比的功率平衡图

对比分析图 13-7～图 13-9 这三组功率平衡图可以看出，主减速器传动比越大，汽车具备的后备功率越大，而且汽车能达到的最高车速也越大。但是考虑到整车的燃油经济性以及主减速器的体积，主减速器传动比不宜过大。综合考虑，选择第 2 组传动比。

3. 蓄电池参数匹配

（1）电压等级的选择。根据已经确定的电机的电压等级，选取 336V 作为蓄电池的电压等级。

（2）能量参数的确定。蓄电池总能量需要根据纯电动模式下的续驶里程确定。蓄电池总能量应满足

$$E_b \geqslant \frac{mgf + C_D A u^2/21.15}{3600 \eta_t \eta_d \eta_e \mathrm{DOD}(1-\eta_a)} S_d \tag{13-23}$$

式中，E_b 为蓄电池总能量；S_d 为纯电动匀速行驶设计目标里程；η_d 为电机效率；η_e 为动力电池放电效率；DOD 为动力电池放电深度；η_a 为汽车附件能量消耗比例系数。

蓄电池总容量为蓄电池总能量与额定电压的比值，即

$$C_b = \frac{1000 E_b}{U_e} \tag{13-24}$$

式中，C_b 为纯电动匀速行驶达到设计目标里程的蓄电池容量；U_e 为蓄电池端电压。

将式(13-23) 代入式(13-24) 得

$$C_b \geqslant \frac{mgf + C_D A u^2/21.15}{3.6 \eta_t \eta_d \eta_e \mathrm{DOD}(1-\eta_a) U_e} S_d \tag{13-25}$$

根据蓄电池参数匹配数学模型，编写蓄电池容量需求仿真的 MATLAB 程序如下。

程序	注释
m=2470;g=9.8;r=0.364;at=0.95;Cd=0.62;A=6.216;f=0.012;i0=3.2;	汽车参数赋值
amc=0.9;	电机效率赋值
adis=0.95;	电池放电效率赋值
aa=0.18;	汽车附件能量消耗比例系数赋值

程序	注释
Ub=336; u=60; S1=30:1:80; DOD=[0.6 0.7 0.8]; for i=1:3 Cb=S1*(m*g*f+Cd*A*u^2/21.15)/(3.6*DOD(i)*at*amc*adis*(1-aa)*Ub); gss='-:--'; plot(S1,Cb,[gss(2*i-1)gss(2*i)]) hold on end xlabel('纯电动续驶里程/km') ylabel('电池容量/A.h') legend('电池放电深度60%','电池放电深度70%','电池放电深度80%') Cb1=60*(m*g*f+Cd*A*u^2/21.15)/(3.6*0.7*at*amc*adis*(1-aa)*Ub); fprintf('蓄电池容量Cb=%.2fA.h\n',Cb1)	蓄电池端电压赋值 设置最高车速 定义纯电动续驶里程范围 设置电池放电深度 循环开始 蓄电池容量计算 设置线型 绘制电池容量-纯电动续驶里程曲线 保存图形 循环结束 x轴标注 y轴标注 曲线标注 计算蓄电池容量 蓄电池容量输出

在 MATLAB 编辑器中输入这些程序，点击运行按钮，就会得到不同电池放电深度下的电池容量-纯电动续驶里程曲线（图 13-10），同时输出行驶速度为 60km/h、电池放电深度为 70% 所需求的电池容量不小于 100.7A·h。

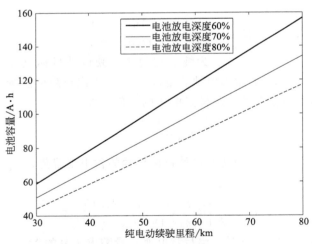

图 13-10　不同电池放电深度下的电池容量-纯电动续驶里程曲线

（3）蓄电池功率参数的选择。蓄电池的最大功率与电机的峰值功率有关，即

$$P_{bmax} \geq \frac{P_{emax}}{\eta_d \eta_e} \tag{13-26}$$

式中，P_{bmax} 为蓄电池的最大功率。

把已知参数代入式(13-26)，可得蓄电池最大功率应大于 61.7kW，考虑到汽车附件功率，最终确定蓄电池最大功率为 65kW。

(4) 电池单体数目和连接方式的确定。选取三元锂电池，其单体电池电压为 3.7V，容量为 1.2A·h。为了满足蓄电池电压的要求，选用 92 块三元锂电池串联，串联的蓄电池组电压为 340.4V，容量为 110.4A·h，满足匹配的蓄电池电压及容量要求。

综上所述，蓄电池匹配参数见表 13-8。

表 13-8 蓄电池匹配参数

参数名称	参数值
电池容量/A·h	110
电池单体个数	92
单体电池电压/V	3.7
额定电压/V	336

实例十四

燃料电池电动汽车传动系统匹配仿真

燃料电池电动汽车是指以燃料电池系统作为单一动力源或者是以燃料电池系统与可充电储能系统作为混合动力源的电动汽车。目前，燃料电池电动汽车主要以后一种为主。

燃料电池电动汽车传动系统匹配主要匹配驱动电机和燃料电池。

 **任务描述**

主要任务:
1. 建立驱动电机匹配数学模型
2. 利用 MATLAB 匹配驱动电机参数
3. 建立燃料电池匹配数学模型
4. 利用 MATLAB 匹配燃料电池参数

燃料电池电动汽车传动系统匹配仿真所需参数见表 14-1。

表 14-1 燃料电池电动汽车传动系统匹配仿真所需参数

整车质量/kg	滚动阻力系数	空气阻力系数	迎风面积/m^2
2175	0.012	0.32	2.1
轮胎滚动半径/m	旋转质量换算系数	传动系统效率	传动系统传动比
0.281	1.05	0.92	8.5

燃料电池电动汽车设计目标:最高行驶车速不低于 160km/h;最大爬坡度不低于 20°;百公里加速时间不超过 14s。

任务实施过程

1. 建立驱动电机匹配数学模型

为保证各种行驶工况需要，满足车辆动力性要求，必须根据车辆动力性指标来确定驱动电机性能参数，即由最高车速、加速时间和最大爬坡度三个指标来确定。电机参数主要包括额定功率、峰值功率、额定转速、最高转速、额定转矩、峰值转矩等。

（1）峰值功率和额定功率。电机峰值功率由最高车速、最大爬坡度和加速时间确定。

由最高车速确定的电机峰值功率为

$$P_{\max 1}=\frac{u_{\max}}{3600\eta_{t}}\left(mgf+\frac{C_{D}Au_{\max}^{2}}{21.15}\right) \tag{14-1}$$

式中，$P_{\max 1}$ 为由最高车速确定的电机峰值功率；m 为整车质量；f 为滚动阻力系数；C_D 为迎风阻力系数；A 为迎风面积；$u_{\max}$ 为最高车速；η_t 为传动系统效率。

由最大爬坡度确定的电机峰值功率为

$$P_{\max 2}=\frac{u_{p}}{3600\eta_{t}}\left(mgf\cos\alpha_{\max}+mg\sin\alpha_{\max}+\frac{C_{D}Au_{p}^{2}}{21.15}\right) \tag{14-2}$$

式中，$P_{\max 2}$ 为由最大爬坡度确定的电机峰值功率；u_p 为电动汽车爬坡车速；$\alpha_{\max}$ 为最大坡度角。

由加速时间确定的电机峰值功率为

$$P_{\max 3}=\frac{1}{3600\eta_{t}}\left(mgf\frac{u_{e}}{1.5}+\frac{C_{D}Au_{e}^{3}}{52.875}+\delta m\frac{u_{e}^{2}}{7.2t_{e}}\right) \tag{14-3}$$

式中，$P_{\max 3}$ 为由加速时间确定的电机峰值功率；u_e 为加速终止时的速度；t_e 为加速时间。

电机额定功率应满足电动汽车对最高车速的要求，峰值功率应能同时满足电动汽车对最高车速、最大爬坡度和加速时间的要求。所以电动汽车电机的额定功率和峰值功率分别为

$$P_{e}\geqslant P_{\max 1} \tag{14-4}$$

$$P_{e\max}\geqslant \max(P_{\max 1}\quad P_{\max 2}\quad P_{\max 3}) \tag{14-5}$$

电动汽车电机的峰值功率与额定功率的关系为

$$P_{e\max}=\lambda P_{e} \tag{14-6}$$

式中，$P_{e\max}$ 为电机的峰值功率；P_e 为电机的额定功率；λ 为电机的过载系数。

（2）额定转速和最高转速。电机的最高转速由最高车速和机械传动系统传动比来确定。

电机的最高转速为

$$n_{\max}=\frac{u_{\max}i_{t}}{0.377r} \tag{14-7}$$

式中，$n_{\max}$ 为电机最高转速；$u_{\max}$ 为汽车最高车速；i_t 传动系统传动比；r 为轮胎滚动半径。

电机的额定转速为

$$n_e = \frac{n_{max}}{\beta} \tag{14-8}$$

式中，n_e 为电机额定转速；β 为扩大恒功率区系数，通常取值为 2～4。

(3) 额定转矩和峰值转矩。电机额定转矩为

$$T_e = \frac{9550 P_e}{n_e} \tag{14-9}$$

式中，T_e 为电机额定转矩。

电机峰值转矩的选择需要满足最大爬坡度的要求，同时结合传动系统最大传动比来确定。

$$T_{max} \geq \frac{mg\left(f\cos\alpha_{max} + \sin\alpha_{max} + \frac{C_D A u_p^2}{21.15 mg}\right)r}{\eta_t i_{max}} \tag{14-10}$$

式中，T_{max} 为电机峰值转矩；i_{max} 为传动系统最大传动比。

(4) 工作电压。其选择设计到用电安全、元器件的工作条件等问题。工作电压过低，导致电流过大，从而导致系统电阻损耗增大；而工作电压过高，对逆变器的安全性造成威胁。一般燃料电池汽车工作电压为 280～400V，但目前工作电压的设计有增高的趋势。

2. 利用 MATLAB 匹配驱动电机参数

利用驱动电机匹配数学模型，编写驱动电机功率匹配的 MATLAB 程序如下。

程序	注释
m=2175;g=9.8;f=0.012;Cd=0.32;A=2.1;r=0.281;at=0.92;	汽车参数赋值
u=0:5:160;	设置最高车速范围
Pm1=u.*(m*g*f+Cd*A*u.^2/21.15)/3600/at;	根据最高车速计算电机功率
figure(1)	设置图形窗口 1
plot(u,Pm1)	绘制电机功率-最高车速曲线
xlabel('最高车速/(km/h)')	x 轴标注
ylabel('电机功率/kW')	y 轴标注
af=atan(20*pi/180);	设置最大坡度角
up=0:5:50;	设置爬坡车速范围
Pm2=up.*(m*g*f*cos(af)+m*g*sin(af)+Cd*A*up.^2/21.15)/3600/at;	根据最大爬坡度求电机功率
figure(2)	设置图形窗口 2
plot(up,Pm2)	绘制电机功率-爬坡车速曲线
xlabel('爬坡车速/(km/h)')	x 轴标注
ylabel('电机功率/kW')	y 轴标注
ue=100;	加速终止速度赋值
dt=1.05;	旋转质量换算系数赋值
te=5:0.1:20;	设置加速时间范围
Pm3=(m*g*f*ue./1.5+Cd*A*ue^3./52.875+dt*m*ue^2./te./7.2)./3600/at;	根据加速时间求电机功率

程序	注释
`figure(3)`	设置图形窗口 3
`plot(te,Pm3)`	绘制电机功率-加速时间曲线
`xlabel('加速时间/s')`	x 轴标注
`ylabel('电机功率/kW')`	y 轴标注
`Pm11=160*(m*g*f+Cd*A*160^2/21.15)/3600/at;`	计算电机需求功率 1
`Pm22=30*(m*g*f*cos(af)+m*g*sin(af)+Cd*A*30^2/21.15)/3600/at;`	计算电机需求功率 2
`Pm33=(m*g*f*ue./1.5+Cd*A*ue^3./52.875+dt*m*ue^2./14/7.2)./3600/at;`	计算电机需求功率 3
`fprintf('电机需求功率 Pmax1=%.2fkW\n',Pm11)`	输出电机需求功率 1
`fprintf('电机需求功率 Pmax2=%.2fkW\n',Pm22)`	输出电机需求功率 2
`fprintf('电机需求功率 Pmax3=%.2fkW\n',Pm33)`	输出电机需求功率 3

在 MATLAB 编辑器中输入这些程序,点击运行按钮,就会得到电机功率-最高车速曲线(图 14-1)、电机功率-爬坡车速曲线(图 14-2)、电机功率-加速时间曲线(图 14-3),同时输出满足最高车速 160km/h 所需的电机功率 $P_{max1}=51.65$kW、满足以 30km/h 速度爬 20°的坡度所需的电机功率 $P_{max2}=66.08$kW、满足百公里加速时间 14s 所需的电机功率 $P_{max3}=77.39$kW。

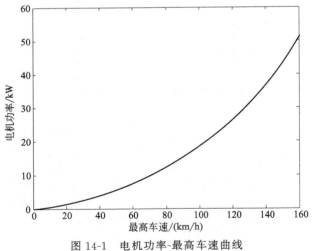

图 14-1 电机功率-最高车速曲线

本实例选择电机类型为永磁同步电机,电机峰值功率选 80kW,过载系数取 2,电机额定功率为 40kW。

由式(14-7)可得电机最高转速为 12838r/min,取 12900r/min;扩大恒功率区系数取 3,则额定转速为 4300r/min。

根据式(14-9)可得电机额定转矩为 89N·m;根据式(14-10)可得电机峰值转矩为 262N·m。

综上所述,驱动电机匹配参数见表 14-2。

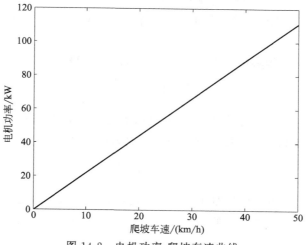

图 14-2 电机功率-爬坡车速曲线

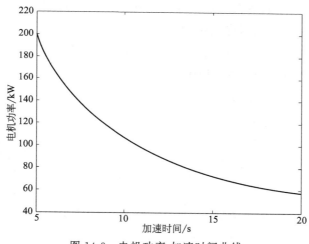

图 14-3 电机功率-加速时间曲线

表 14-2 驱动电机匹配参数

参数名称	参数值
额定功率/kW	40
峰值功率/kW	80
额定转矩/N·m	89
峰值转矩/N·m	262
额定转速/(r/min)	4300
最高转速/(r/min)	12900

3. 建立燃料电池匹配数学模型

燃料电池功率的选择对燃料电池电动汽车的动力系统结构设计非常重要。燃料电池功率偏大，车辆的成本增加；燃料电池功率偏小，在某些大负荷行驶工况（如加速、爬坡等）需要辅助能源提供的动力增加，这使燃料电池数量增加，整车质量、成本上升，系统效率下降,整车布置难度增加,燃料电池均衡控制难度增加等。

根据 NEDC 循环工况确定燃料电池输出功率。NEDC 工况主要包括等速、加速、减速、停车。

燃料电池电动汽车在平坦路面上等速行驶时所需的燃料电池功率为

$$P_i = \frac{u}{3600\eta_t}\left(mgf + \frac{C_D A u^2}{21.15}\right) \tag{14-11}$$

式中,P_i 为燃料电池电动汽车等速行驶时所需的燃料电池功率。

燃料电池电动汽车加(减)速行驶时所需的燃料电池功率为

$$P_j = \frac{u(t)}{3600\eta_d \eta_t}\left[mgf + mgi + \frac{C_D A u^2(t)}{21.15} + \delta m a_j\right] \tag{14-12}$$

式中,P_j 为燃料电池电动汽车加(减)速行驶时所需的燃料电池功率;η_d 为电机效率;i 为坡度;$u(t)$ 为燃料电池电动汽车加(减)速行驶速度;a_j 为燃料电池电动汽车加(减)速度。

汽车行驶速度为

$$u(t) = u_0 + 3.6 a_j t \tag{14-13}$$

式中,$u(t)$ 为汽车行驶速度;u_0 为加速起始速度;t 为行驶时间。

4. 利用 MATLAB 匹配燃料电池参数

根据表 14-1 中的数据和 NEDC 循环工况燃料电池匹配数学模型,编写 NEDC 循环工况燃料电池所需功率的 MATLAB 仿真程序如下。

程序	注释
axis([0 1200 -30 50])	设置坐标轴范围
x1=[0 1200];	设置 x1 坐标值
y1=[0 0];	设置 y1 坐标值
plot(x1,y1)	绘制 x1 和 y1 直线
hold on	保存图形
m=2175;g=9.8;f=0.012;Cd=0.32;A=2.1;r=0.281;nt=0.92;	汽车参数赋值
uj1=15;u01=0;aj1=1.04;	速度和加速度赋值
Pj1=uj1*(m*g*f+Cd*A*uj1^2/21.15+dt*m*aj1)/3600/nt;	计算需求功率
ud1=15;	行驶速度赋值
Pd1=ud1*(m*g*f+Cd*A*ud1^2/21.15)/3600/nt;	计算需求功率
uj2=0;u02=15;aj2=-0.83;	速度和减速度赋值
Pj2=uj2*(m*g*f+Cd*A*uj2^2/21.15+dt*m*aj2)/3600/nt;	计算需求功率
uj3=15;u03=0;aj3=0.69;	速度和加速度赋值
Pj3=uj3*(m*g*f+Cd*A*uj3^2/21.15+dt*m*aj3)/3600/nt;	计算需求功率
uj4=32;u04=15;aj4=0.79;	速度和加速度赋值
Pj4=uj4*(m*g*f+Cd*A*uj4^2/21.15+dt*m*aj4)/3600/nt;	计算需求功率
ud2=32;	行驶速度赋值
Pd2=ud2*(m*g*f+Cd*A*ud2^2/21.15)/3600/nt;	计算需求功率
uj5=0;u05=32;aj5=-0.81;	速度和减速度赋值
Pj5=uj5*(m*g*f+Cd*A*uj5^2/21.15+dt*m*aj5)/3600/nt;	计算需求功率
uj6=15;u06=0;aj6=0.69;	速度和加速度赋值
Pj6=uj6*(m*g*f+Cd*A*uj6^2/21.15+dt*m*aj6)/3600/nt;	计算需求功率

程序	注释
uj7=35;u07=15;aj7=0.51;	速度和加速度赋值
Pj7=uj7*(m*g*f+Cd*A*uj7^2/21.15+dt*m*aj7)/3600/nt;	计算需求功率
uj8=50;u08=35;aj8=0.46;	速度和加速度赋值
Pj8=uj8*(m*g*f+Cd*A*uj8^2/21.15+dt*m*aj8)/3600/nt;	计算需求功率
ud3=50;	行驶速度赋值
Pd3=ud3*(m*g*f+Cd*A*ud3^2/21.15)/3600/nt;	计算需求功率
uj9=35;u09=50;aj9=-0.52;	速度和减速度赋值
Pj9=uj9*(m*g*f+Cd*A*uj9^2/21.15+dt*m*aj9)/3600/nt;	计算功率需求
ud4=35;	行驶速度赋值
Pd4=ud4*(m*g*f+Cd*A*ud4^2/21.15)/3600/nt;	计算需求功率
uj10=0;u010=35;aj10=-0.97;	速度和减速度赋值
Pj10=uj10*(m*g*f+Cd*A*uj10^2/21.15+dt*m*aj10)/3600/nt;	计算功率需求
t=[11,15,23,28,49,55,61,85,96,117,123,134,143,155,163,178,188,195];	设置市区第1个循环时间
w=[0,Pj1,Pd1,Pj2,0,Pj3,Pj4,Pd2,Pj5,0,Pj6,Pj7,Pj8,Pd3,Pj9,Pd4,Pj10,0];	设置市区第1个循环功率
plot(t,w)	绘制市区第1个循环工况需求功率图
hold on	保存图形
t=[206,210,218,223,244,250,256,280,291,312,318,329,338,350,358,373,383,390];	设置市区第2个循环时间
w=[0,Pj1,Pd1,Pj2,0,Pj3,Pj4,Pd2,Pj5,0,Pj6,Pj7,Pj8,Pd3,Pj9,Pd4,Pj10,0];	设置市区第2个循环功率
plot(t,w)	绘制市区第2个循环工况需求功率图
hold on	保存图形
t=[401,405,413,418,439,445,451,475,486,507,513,524,533,545,553,568,578,585];	设置市区第3个循环时间
w=[0,Pj1,Pd1,Pj2,0,Pj3,Pj4,Pd2,Pj5,0,Pj6,Pj7,Pj8,Pd3,Pj9,Pd4,Pj10,0];	设置市区第3个循环功率
plot(t,w)	绘制市区第3个循环工况需求功率图
hold on	保存图形
t=[596,600,608,613,634,640,646,670,681,702,708,719,728,740,748,763,773,780];	设置市区第4个循环时间
w=[0,Pj1,Pd1,Pj2,0,Pj3,Pj4,Pd2,Pj5,0,Pj6,Pj7,Pj8,Pd3,Pj9,Pd4,Pj10,0];	设置市区第4个循环功率
plot(t,w)	绘制市区第4个循环工况需求功率图
hold on	保存图形

程序	注释
uj11=15;u011=0;aj11=0.69;	速度和加速度赋值
Pj11=uj11*(m*g*f+Cd*A*uj11^2/21.15+dt*m*aj11)/3600/nt;	计算需求功率
uj12=35;u012=15;aj12=0.51;	速度和加速度赋值
Pj12=uj12*(m*g*f+Cd*A*uj12^2/21.15+dt*m*aj12)/3600/nt;	计算需求功率
uj13=50;u013=35;aj13=0.42;	速度和加速度赋值
Pj13=uj13*(m*g*f+Cd*A*uj13^2/21.15+dt*m*aj13)/3600/nt;	计算需求功率
uj14=70;u014=50;aj14=0.40;	速度和加速度赋值
Pj14=uj14*(m*g*f+Cd*A*uj14^2/21.15+dt*m*aj14)/3600/nt;	计算需求功率
ud5=70;	行驶速度赋值
Pd5=ud5*(m*g*f+Cd*A*ud5^2/21.15)/3600/nt;	计算需求功率
uj15=50;u015=70;aj15=-0.69;	速度和减速度赋值
Pj15=uj15*(m*g*f+Cd*A*uj15^2/21.15+dt*m*aj15)/3600/nt;	计算需求功率
ud6=50;	速度赋值
Pd6=ud6*(m*g*f+Cd*A*ud6^2/21.15)/3600/nt;	计算需求功率
uj16=70;u016=50;aj16=0.43;	速度和加速度赋值
Pj16=uj16*(m*g*f+Cd*A*uj16^2/21.15+dt*m*aj16)/3600/nt;	计算需求功率
ud7=70;	行驶速度赋值
Pd7=ud7*(m*g*f+Cd*A*ud7^2/21.15)/3600/nt;	计算需求功率
uj17=100;u017=70;aj17=0.24;	速度和加速度赋值
Pj17=uj17*(m*g*f+Cd*A*uj17^2/21.15+dt*m*aj17)/3600/nt;	计算需求功率
ud8=100;	行驶速度赋值
Pd8=ud8*(m*g*f+Cd*A*ud8^2/21.15)/3600/nt;	计算需求功率
uj18=120;u018=100;aj18=0.28;	速度和加速度赋值
Pj18=uj18*(m*g*f+Cd*A*uj18^2/21.15+dt*m*aj18)/3600/nt;	计算需求功率
ud9=120;	行驶速度赋值
Pd9=ud9*(m*g*f+Cd*A*ud9^2/21.15)/3600/nt;	计算需求功率
uj19=80;u019=120;aj19=-0.69;	速度和减速度赋值
Pj19=uj19*(m*g*f+Cd*A*uj19^2/21.15+dt*m*aj19)/3600/nt;	计算功率需求
uj20=50;u020=80;aj20=-1.04;	速度和减速度赋值
Pj20=uj20*(m*g*f+Cd*A*uj20^2/21.15+dt*m*aj20)/3600/nt;	计算功率需求
uj21=0;u021=50;aj21=-1.39;	速度和减速度赋值
Pj21=uj21*(m*g*f+Cd*A*uj21^2/21.15+dt*m*aj21)/3600/nt;	计算功率需求
t=[800,806,817,827,841,891,899,968,981,1031,1066,1096,1116, 1126,1142,1150,1160,1180];	设置市郊循环时间
w=[0,Pj11,Pj12,Pj13,Pj14,Pd5,Pj15,Pd6,Pj16,Pd7,Pj17,Pd8, Pj18,Pd9,Pj19,Pj20,Pj21,0];	设置市郊循环功率
plot(t,w)	绘制市郊循环工况需求功率图
hold on	保存图形
xlabel('时间/s')	x轴标注
ylabel('功率/kW')	y轴标注

在 MATLAB 编辑器中输入这些程序，点击运行按钮，即可得到燃料电池电动汽车 NEDC 循环工况燃料电池需求功率图，如图 14-4 所示。

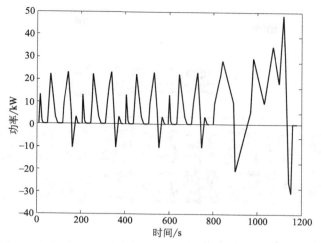

图 14-4 燃料电池电动汽车 NEDC 循环工况燃料电池需求功率图

可以看出，燃料电池电动汽车 NEDC 循环工况下，在 100~120km/h 加速末时刻，燃料电池需求功率达到最大值，为 49.0131kW，可选择燃料电池的峰值输出功率为 50kW。

实例十五

电动汽车高速公路换道过程路径规划仿真

汽车换道是最基本的驾驶行为之一，同时也是引发交通事故最多的驾驶行为之一，由换道引起的交通事故涉及多条车道，极易引发连环事故和严重的交通阻碍。汽车自主换道是重要的先进驾驶辅助技术，可以提高汽车的行驶安全和道路的通行通顺性。该实例主要利用梯形加速度换道轨迹，对电动汽车高速换道过程的路径规划进行仿真。

任务描述

主要任务:
1. 分析常用的换道轨迹规划方法
2. 建立电动汽车梯形加速度换道路径规划模型
3. 电动汽车梯形加速度换道路径规划 MATLAB 仿真

任务实施过程

1. 分析常用的换道轨迹规划方法

合理的换道轨迹规划可以使目标车辆更加快速、通畅地变换到理想车道，提高换道效率。目前，常用的车辆换道轨迹的规划方法主要有等速偏移规划方法、圆弧规划方法、余弦函数规划方法、梯形加速度规划方法、多项式函数规划方法等。

（1）等速偏移规划方法。等速偏移换道轨迹是最简单的换道轨迹，如图 15-1 所示，整个换道轨迹由三段直线组成，AB 段为换道准备阶段，BC 段为换道执行阶段，CD 段为换道调整阶段，在换道执行阶段车辆只需沿着固定斜率的直线行驶即可完成换道。只要确定车道宽度和换道执行阶段的轨迹斜率便可以得到完整的换道轨迹曲线的解析式。

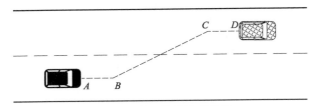

图 15-1 等速偏移换道轨迹

但是在换道过程中，B、C 两点处车辆的运动方向发生了跃变，在现实中是无法实现的，需对换道轨迹进行改进规划。

（2）圆弧规划方法。圆弧换道轨迹是在等速偏移换道轨迹基础上改进得到的换道轨迹曲线，换道执行阶段由一条直线和两段圆弧组成，如图 15-2 所示。

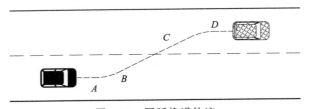

图 15-2 圆弧换道轨迹

圆弧曲率半径 $\rho = v_x^2 / a_{\max}$，其中 v_x 为车辆的纵向速度，$a_{\max}$ 为车辆换道时的最大横向加速度。只需再确定车道宽度和期望换道距离便可以得到换道轨迹曲线的解析式。但是在直线和圆弧的交接点 A、B、C、D 处，换道轨迹的曲率不连续，车辆在实际行驶中无法实现，仍需进行调整。

（3）余弦函数规划方法。余弦函数换道轨迹具有计算简便、换道轨迹平滑等特点，应用较为广泛，只需确定车道宽度和换道过程中目标车辆的纵向位移便可得到换道轨迹函数，余弦函数换道轨迹如图 15-3 所示。

如果车道宽度为 b，换道过程中目标车辆的纵向位移为 l，那么换道轨迹函数为

$$y(x) = \frac{b}{2}\left[1 - \cos\left(\frac{\pi x}{l}\right)\right] \tag{15-1}$$

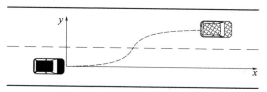

图 15-3 余弦函数换道轨迹

对式(15-1)求导得余弦函数换道轨迹的横向速度、横向加速度分别为

$$\dot{y}(x) = \frac{b\pi}{2l}\sin\left(\frac{\pi x}{l}\right) \tag{15-2}$$

$$\ddot{y}(x) = \frac{b\pi^2}{2l^2}\cos\left(\frac{\pi x}{l}\right) \tag{15-3}$$

余弦函数换道轨迹的路径曲率 k 为

$$k = \frac{\ddot{y}(x)}{[1+\dot{y}^2(x)]^{\frac{3}{2}}} \tag{15-4}$$

由式(15-2)~式(15-4)可得,当 $x=0$ 或 $x=1$ 时,换道路径曲率 k 有最大值,即该模型换道路径曲率的最大值在换道的起点和终点处,此时横向加速度最大,不满足换道轨迹规划起点和终点处路径曲率为零的约束条件,使用该换道轨迹,需要进行二次规划。

(4) 梯形加速度规划方法。梯形加速度换道轨迹没有直接设计车辆的换道轨迹,而是设计换道过程的横向加速度,其横向加速度图像由两个大小相等朝向相反的等腰梯形组成,如图 15-4 所示。梯形加速度换道轨迹的横向加速度连续,在换道起点和终点处横向加速度为零,是比较理想的换道轨迹。

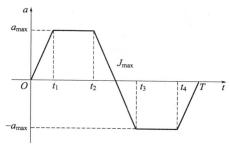

图 15-4 梯形加速度换道轨迹加速度示意图

在图 15-4 中,t_1、t_2、t_3、t_4、T 分别表示目标车辆换道过程中横向加速度变化的时间节点,$a_{\max}$ 表示换道过程中横向加速度的最大值,$J_{\max}$ 表示横向加速度的变化率。梯形加速换道轨迹的横向加速度为

$$a_{\max}(t) = \begin{cases} J_{\max}t & 0 \leqslant t \leqslant t_1 \\ a_{\max} & t_1 \leqslant t \leqslant t_2 \\ \dfrac{(2t-t_2-t_3)a_{\max}}{t_2-t_3} & t_2 \leqslant t \leqslant t_3 \\ -a_{\max} & t_3 \leqslant t \leqslant t_4 \\ J_{\max}(t-T) & t_4 \leqslant t \leqslant T \end{cases} \tag{15-5}$$

假定 $t_1=(t_3-t_2)/2=T-t_4, t_2-t_1=t_4-t_3$，对 $a_x(t)$ 进行二次积分，可以得到目标车辆换道过程中横向位移为

$$s_x(t)=\begin{cases} \dfrac{1}{6}J_{\max}t^3 & 0\leqslant t\leqslant t_1 \\ \dfrac{1}{2}J_{\max}t_1t^2-\dfrac{1}{2}J_{\max}t_1^2t+\dfrac{1}{2}J_{\max}t_1t_2^2 & t_1\leqslant t\leqslant t_2 \\ -\dfrac{1}{6}J_{\max}t^3+\dfrac{1}{2}J_{\max}(t_1+t_2)t^2-\dfrac{1}{2}J_{\max}(t_1^2+t_2^2)t+\dfrac{1}{6}J_{\max}t_1^3+\dfrac{1}{6}J_{\max}t_2^3 & t_2\leqslant t\leqslant t_3 \\ -\dfrac{1}{2}J_{\max}t_1t^2+\dfrac{3}{2}J_{\max}t_1^2t+2J_{\max}t_1t_2t-J_{\max}t_1^3-\dfrac{5}{2}J_{\max}t_1^2t_2-\dfrac{1}{2}J_{\max}t_1t_2^2 & t_3\leqslant t\leqslant t_4 \\ J_{\max}\left[\dfrac{1}{6}t^3-(t_1+t_2)t^2+(2t_1^2+4t_1t_2+2t_2^2)t-\dfrac{4}{3}(t_1^3+t_2^3)-2(t_1^2t_2+t_1t_2^2)\right] & t_4\leqslant t\leqslant T \end{cases}$$

(15-6)

梯形横向加速换道轨迹只需确定横向加速度的最大值和横向加速度的变化率即可确定换道轨迹表达式的各项参数，所需条件较少，计算过程简单。但换道轨迹函数一经确定，很难进行调整。

（5）多项式函数规划方法。多项式函数换道轨迹具有三阶连续可导性，并且曲率连续无突变，能够很好地模拟实际换道路径，常用的多项式函数换道轨迹为五次多项式和七次多项式函数换道轨迹。此外，多项式函数换道轨迹将横、纵向解耦，车辆实际换道过程中易于控制，因此是比较理想的轨迹规划方法，其换道轨迹如图15-5所示。

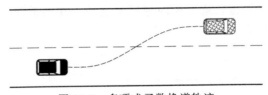

图 15-5 多项式函数换道轨迹

由于多项式函数未知参量多，需要较多的判断条件，计算过程比较复杂，但随着研究的深入，多项式函数换道轨迹的计算过程不断得到优化，越来越多的研究使用多项式函数规划换道轨迹。

车辆换道需要综合考虑安全性、快速性、舒适性等因素，由于车辆在行驶过程中，速度和加速度是连续变化的，在高速行驶时，行驶方向不可能发生突变，这就要求所设计换道轨迹函数的位移、速度、加速度图线必须连续，横、纵向加速度值不可过大。由于换道前和换道后车辆没有横向位移，因此在换道起始和终止位置时，路径曲率为零，横向速度和横向加速度为零。对上述五种换道轨迹特点进行分析，具体见表15-1。

表 15-1 换道轨迹优缺点比较

换道轨迹	优点	缺点
等速偏移换道轨迹	换道轨迹简单，易于操作和控制	换道起点、终点处轨迹不连续
圆弧换道轨迹	换道轨迹简单	换道起点、终点处曲率不连续
余弦函数换道轨迹	计算简便、换道轨迹平滑	曲率有突变
梯形加速度换道轨迹	计算较简便、换道轨迹平滑	轨迹一经确定，很难进行调整
多项式函数换道轨迹	曲率连续无突变，易于调整	计算过程复杂

通过以上分析，等速偏移换道轨迹、圆弧换道轨迹和余弦函数换道轨迹都需要调整后才能用于换道轨迹规划，规划效果不理想；而梯形加速度换道轨迹和多项式函数换道轨迹可直接用于换道轨迹的规划，是比较理想的换道轨迹规划方法。

2. 建立电动汽车梯形加速度换道路径规划模型

梯形加速度换道路径规划方法是目前常用的换道路径规划方法之一，通过设计换道过程的横向加速度，间接得到换道路径，其横向加速度图像由两个大小相等朝向相反的等腰梯形组成，如图15-4所示。

若换道过程总的横向位移即车道宽度为 b，则式(15-6)中各时间参数可表示为

$$\begin{cases} t_1 = a_{\max}/J_{\max} \\ t_2 = \sqrt{\dfrac{a_{\max}^2}{4J_{\max}^2} + \dfrac{b}{a_{\max}}} - \dfrac{a_{\max}}{2J_{\max}} \\ t_3 = 2t_1 + t_2 \\ t_4 = t_1 + 2t_2 \\ T = 2t_1 + 2t_2 \end{cases} \tag{15-7}$$

由式(15-5)、式(15-6)可知，只要得到了车道宽度值 b 并确定了最大横向加速度 $a_{\max}$ 和横向加速度的变化率 $J_{\max}$，即可以得到换道的横向轨迹方程。

我国高速公路车道宽度一般为 $3.75\mathrm{m}$，即 $b=3.75\mathrm{m}$，这里取 $a_{\max}=2\mathrm{\ m/s^2}$，$J_{\max}=4\mathrm{m/s^3}$，将此数据代入式(15-7)即可得到目标车辆换道过程中各时间节点参数的具体值，将以上数据代入式(15-6)，可得到该场景下目标车辆换道的横向换道轨迹曲线方程为

$$s_x(t) = \begin{cases} 2t^3/3 & t<0.5 \\ t^2 - t/2 + 1/12 & 0.5 \leqslant t < 1.142 \\ -2t^3/3 + 3.284t^2 - 3.108t + 1.076 & 1.142 \leqslant t < 2.142 \\ -t^2 + 6.068t - 5.4747 & 2.142 \leqslant t < 2.784 \\ 2t^3/3 - 6.568t^2 + 21.567t - 19.857 & 2.784 \leqslant t \leqslant 3.284 \end{cases} \tag{15-8}$$

将式(15-8)求导，可得到横向运动的速度、加速度的轨迹曲线方程分别为

$$v_x(t) = \begin{cases} 2t^2 & t<0.5 \\ 2t-0.5 & 0.5 \leqslant t < 1.142 \\ -2t^2 + 6.568t - 3.108 & 1.142 \leqslant t < 2.142 \\ -2t + 6.068 & 2.142 \leqslant t < 2.784 \\ 2t^2 - 13.136t + 21.567 & 2.784 \leqslant t \leqslant 3.284 \end{cases} \tag{15-9}$$

$$a_x(t) = \begin{cases} 4t & t<0.5 \\ 2 & 0.5 \leqslant t < 1.142 \\ -4t + 6.568 & 1.142 \leqslant t < 2.142 \\ -2 & 2.142 \leqslant t < 2.784 \\ 4t - 13.136 & 2.784 \leqslant t \leqslant 3.284 \end{cases} \tag{15-10}$$

为方便计算，目标车辆在换道过程中，纵向速度视为匀速，我国高速公路小型轿车限速 $120\mathrm{km/h}$，本文取 $v_y = 108\mathrm{km/h} = 30\mathrm{m/s}$，则目标车辆换道过程中纵向位移曲线方程为

$$s_y(x) = 30t \tag{15-11}$$

3. 电动汽车梯形加速度换道路径规划 MATLAB 仿真

根据电动汽车梯形加速度换道路径规划模型，编写绘制电动汽车高速公路换道过程轨迹规划曲线的 MATLAB 程序如下。

程序	注释
`for t=0:0.001:3.284`	设置仿真时间区间
`if t<0.5`	0-t_1 时间区间
`x=(2*t^3)/3;`	横向位移函数
`v=2*t^2;`	横向速度函数
`a=4*t;`	横向加速度函数
`elseif(0.5<=t && t<=1.142)`	t_1-t_2 时间区间
`x=t^2-t/2+1/12;`	横向位移函数
`v=2*t-0.5;`	横向速度函数
`a=2;`	横向加速度函数
`elseif(1.142<=t && t<2.142)`	t_2-t_3 时间区间
`x=-(2*t^3)/3+3.284*t^2-3.108*t+1.076;`	横向位移函数
`v=-2*t^2+6.568*t-3.108;`	横向速度函数
`a=-4*t+6.568;`	横向加速度函数
`elseif(2.142<=t && t<2.784)`	t_3-t_4 时间区间
`x=-t^2+6.068*t-5.4747;`	横向位移函数
`v=-2*t+6.068;`	横向速度函数
`a=-2;`	横向加速度函数
`else`	t_4-t_5 时间区间
`x=(2*t^3)/3-6.568*t^2+21.567*t-19.857;`	横向位移函数
`v=2*t^2-13.136*t+21.567;`	横向速度函数
`a=4*t-13.136;`	横向加速度函数
`end`	结束
`y=30*t;`	纵向位移函数
`figure(1);`	设置图形窗口 1
`plot(y,x,'linewidth',1.5);`	输出横向位移-纵向位移曲线
`xlabel('纵向位移/m');ylabel('横向位移/m');`	设置横、纵坐标
`figure(2)`	设置图形窗口 2
`plot(t,x,'linewidth',1.5)`	输出横向位移-时间曲线
`xlabel('时间/s');ylabel('横向位移/m');`	设置横、纵坐标
`figure(3)`	设置图形窗口 3
`plot(t,v,'linewidth',1.5)`	输出横向速度-时间曲线
`xlabel('时间/s');ylabel('横向速度/(m/s)');`	设置横、纵坐标
`figure(4)`	设置图形窗口 4
`plot(t,a,'linewidth',1.5)`	输出横向加速度-时间曲线
`xlabel('时间/s');ylabel('横向加速度/(m/s^2)');`	设置横、纵坐标
`hold on`	保存图形
`end`	结束

在 MATLAB 编辑器中输入这些程序，点击运行按钮，就会得到输出曲线，如图 15-6～图 15-9 所示。

图 15-6 所示为横向位移-纵向位移曲线。可以看出，该曲线平顺光滑，换道过程中没有突变点，曲率变化比较平稳，与实际的换道路径相符。

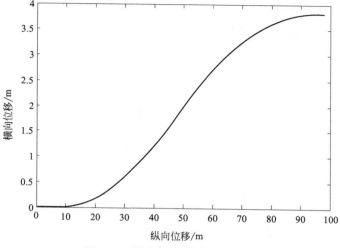

图 15-6　横向位移-纵向位移曲线

图 15-7 所示为横向位移-时间曲线。可以看出，该曲线平顺光滑，车辆沿着该路径行驶，能够在预计时间内达到目标车道。

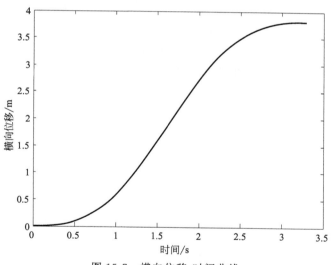

图 15-7　横向位移-时间曲线

图 15-8 所示为横向速度-时间曲线。可以看出，该曲线光滑连续，在换道起始和终止处横向速度为零，横向速度最大值在 2.2m/s 左右，换道过程比较平缓。

图 15-9 所示为横向加速度-时间曲线。可以看出，该曲线连续，在换道起点和终点处横向速度、加速度都为零，符合换道轨迹的要求。

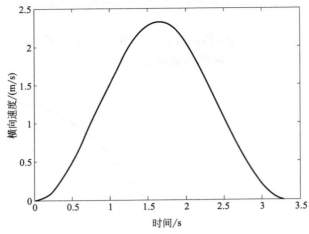

图 15-8 横向速度-时间曲线

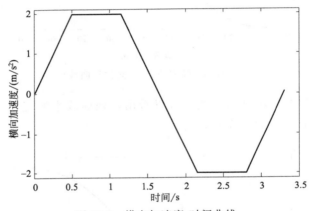

图 15-9 横向加速度-时间曲线

实例十六

电动汽车交叉口通行过程仿真

电动汽车在交叉口通行过程中,需要根据信号灯状态、信号灯剩余时长、当前车速和与交叉口之间距离等信息确定车辆的通行方式,常见的通行方式包括匀速不停车通过、减速不停车通过和停车等待通过,在减速过程中,电动汽车可以实现制动能量回收。

任务描述

主要任务：

1. 建立电动汽车交叉口通行距离数学模型
2. 建立电动汽车交叉口行驶能耗数学模型
3. 绘制电动汽车交叉口停车等待过程行驶曲线并计算行驶能耗
4. 绘制电动汽车交叉口减速不停车通行过程行驶曲线并计算行驶能耗

电动汽车交叉口通行过程仿真所需参数见表 16-1。

表 16-1 电动汽车交叉口通行过程仿真所需参数

整车质量/kg	迎风面积/m²	空气阻力系数	滚动阻力系数
1575	2.05	0.3	0.012
重力加速度/(m/s²)	电机效率	传动系统效率	电池充电效率
9.8	0.85	0.9	0.3
旋转质量换算系数	再生制动强度	车辆与交叉口的距离/m	起步加速度/(m/s²)
1.1	0.1	200	2
最高车速/(m/s)	低速行驶速度/(m/s)	停车等待过程时间设置/s	不停车过程时间设置/s
16.67	4.17	30	18

任务实施过程

1. 建立电动汽车交叉口通行距离数学模型

电动汽车交叉口通行过程主要需要对停车等待和减速不停车通行两种过程进行分析，其通行速度曲线如图 16-1 中的①和②所示，实线表示通过交叉口停车线前行驶速度，点划线表示通过交叉口停车线后起步加速的行驶速度。

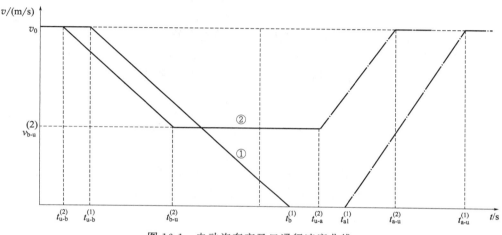

图 16-1 电动汽车交叉口通行速度曲线

（1）停车等待过程。当车辆行驶前方出现交叉口，且需要等待较长时间时，车辆无法在满足道路最低限速的要求下减速不停车通过，需要在交叉口停车线前停车等待。此时，车辆以当前车速匀速行驶一段时间后减速刹停，等待信号灯变化后再继续加速通行。车辆行驶距离为

$$L_\mathrm{t} = v_0 t_{\mathrm{u\text{-}b}}^{(1)} + \frac{1}{2} a_\mathrm{b} [t_\mathrm{b}^{(1)} - t_{\mathrm{u\text{-}b}}^{(1)}]^2 \tag{16-1}$$

式中，L_t 为车辆交叉口行驶距离；v_0 为初速度；$t_{\mathrm{u\text{-}b}}^{(1)}$ 为制动起始时刻；$t_\mathrm{b}^{(1)}$ 为制动终止时刻；a_b 为制动减速度。

（2）减速不停车通行过程。当车辆行驶前方出现交叉口，且等待时间较短时，车辆可以实现减速不停车通过。此时，车辆先以当前车速匀速行驶一段时间后开始减速，减速到一定速度时开始匀速行驶到停车线，信号灯刚好变化，再继续加速行驶到最高限速。车辆行驶距离为

$$L_\mathrm{t} = v_0 t_{\mathrm{u\text{-}b}}^{(2)} + \frac{1}{2} a_\mathrm{b} [t_{\mathrm{b\text{-}u}}^{(2)} - t_{\mathrm{u\text{-}b}}^{(2)}]^2 + v_{\mathrm{b\text{-}u}}^{(2)} [t_{\mathrm{u\text{-}a}}^{(2)} - t_{\mathrm{b\text{-}u}}^{(2)}] \tag{16-2}$$

式中，$t_{\mathrm{u\text{-}b}}^{(2)}$ 为制动起始时刻；$t_{\mathrm{b\text{-}u}}^{(2)}$ 为制动终止时刻，$v_{\mathrm{b\text{-}u}}^{(2)}$ 为低速匀速行驶速度，$t_{\mathrm{u\text{-}a}}^{(2)}$ 为低速匀速行驶终止时刻。

2. 建立电动汽车交叉口行驶能耗数学模型

电动汽车在交叉口通行过程中主要有加速、匀速、减速三种工况中的一种或者多种组合状态，故需对不同工况进行分析，建立电动汽车交叉口行驶能耗数学模型。

(1) 加速过程。在加速过程中，电机输出功率主要由负载决定，并受到峰值功率和峰值转矩的限制。当车辆满负荷加速过程中，驱动力行驶能耗为

$$E'_{a1} = \frac{\int \frac{T_{a1} i_t \eta_t}{R} v \, dt}{3600} \tag{16-3}$$

式中，E'_{a1} 为满负荷加速过程驱动力能耗；T_{a1} 为满负荷加速转矩；i_t 为总传动比；η_t 为传动系统效率；R 为车轮半径；v 为车速。

在考虑电机能耗损失和传动系统能耗损失后，得到满负荷加速过程驱动系统的能耗为

$$E_{a1} = \frac{E'_{a1}}{\eta_{mo} \eta_t} = \int \frac{T_{a1} i_t v}{3600 R \eta_{mo}} dt \tag{16-4}$$

式中，E_{a1} 为满负荷加速过程行驶能耗；η_{mo} 为电机效率。

在交叉口行驶过程中，除了以满负荷进行加速运动，还可以采用恒定加速度行驶，从而提高乘坐的舒适性，匀加速过程的能耗根据汽车行驶方程式进行计算，匀加速过程电机转矩为

$$T_{a2} = \frac{(mgf + \frac{C_D A}{1.632} v^2 + \delta m \frac{dv}{dt}) R}{i_t \eta_t} \tag{16-5}$$

式中，T_{a2} 为匀加速过程电机转矩；m 为整车质量；g 为重力加速度；f 为滚动阻力系数；C_D 为空气阻力系数；A 为迎风面积；δ 为旋转质量换算系数。

匀加速过程行驶能耗为

$$E_{a2} = \int \frac{T_{a2} n}{9.55 \times 3600 \eta_{mo}} dt \tag{16-6}$$

式中，E_{a2} 为匀加速过程行驶能耗；n 为电机转速。

电机转速为

$$n = \frac{3.6 v i_t}{0.377 R} \tag{16-7}$$

(2) 匀速过程。当车辆匀速行驶时，电机的驱动转矩主要由负载决定，且无加速阻力，匀速过程电机转矩为

$$T_u = \frac{(mgf + \frac{C_D A}{1.632} v^2) R}{i_t \eta_t} \tag{16-8}$$

式中，T_u 为匀速过程电机转矩。

匀速过程行驶能耗为

$$E_u = \int \frac{T_u n}{9.55 \times 3600 \eta_{mo}} dt \tag{16-9}$$

式中，E_u 为匀速过程行驶能耗。

(3) 减速过程。电动汽车在减速过程中可以采用再生制动策略，实现制动能量的回收。此时，制动过程的制动力将由电机再生制动力、空气阻力和滚动阻力组成。根据电动汽车前后制动力分配策略，一般在制动强度小于 0.1 时，总制动力由再生制动力承担；当制动强度介于 0.1 和 0.7 之间时，采用复合制动方式，即需要液压制动参与；当制动强度大于 0.7 时，则总制动力全部由液压制动提供，制动强度为

$$z = \frac{\mathrm{d}v}{g\,\mathrm{d}t} \quad (16\text{-}10)$$

式中，z 为制动强度。

因此，当再生制动力产生 0.1 的制动强度时，其产生的减速度大小为 $0.98\mathrm{m/s}^2$，则制动过程中可回收的能量为

$$E_\mathrm{b} = \int F_\mathrm{b} v \eta_\mathrm{t} \eta_\mathrm{in}\,\mathrm{d}t = \int \frac{\delta m z g v \eta_\mathrm{t} \eta_\mathrm{in}}{3600}\,\mathrm{d}t \quad (16\text{-}11)$$

式中，E_b 为再生制动能量；F_b 为再生制动力；η_in 为电池充电效率。

根据车辆加速、匀速、减速过程中能耗计算，可以得到纯电动汽车交叉口通行过程中的行驶总能耗为

$$E_\mathrm{t} = E_\mathrm{a} + E_\mathrm{u} - E_\mathrm{b} \quad (16\text{-}12)$$

式中，E_t 为车辆行驶能耗。

3. 绘制电动汽车交叉口停车等待过程行驶曲线并计算行驶能耗

编写绘制电动汽车交叉口停车等待过程行驶曲线并计算行驶能耗的 MATLAB 仿真程序如下。

程序	注释
A=2.05;C=0.3;f=0.012;g=9.8;m=1575;nt=0.9;p=1.1;	设置汽车参数
nmo=0.85;	设置电机效率
nin=0.3;	设置电池充电效率
Lt=200;	设置与交叉口之间的距离
time=30;	设置交叉口需要等待时间
z=0.1;	设置再生制动强度
aa=2;	设置起步加速度
v0=16.67;	设置行驶初速度
ab=z*g;	计算再生制动减速度
tb=v0/ab;	计算减速时间
tu=(Lt-0.5*ab*tb^2)/v0;	计算匀速行驶时间
tw=time-tb-tu;	计算停车等待时间
for i=1:500	时间循环开始
t(1)=0;	设置初始时刻为0
E(1)=0;	设置初始时刻能耗为0
if t(i)<tu	匀速行驶过程判断
v(i)=v0;	车速为初速度
E(i+1)=E(i)+0.1*((m*g*f+C*A*(v0^2)/1.632)*v0*3.6)/(0.377*9.55*3600*nmo*nt);	累加计算行驶能耗
else if t(i)>=tu&&t(i)<tu+tb	减速过程判断
v(i)=v0-ab*(t(i)-tu);	计算车速
E(i+1)=E(i)-p*m*z*g*v(i)*nt*nin*0.1/3600+0.1*((m*g*f+C*A*(v(i)^2)/1.632)*v(i)*3.6)/(0.377*9.55*3600*nmo*nt);	累加计算行驶能耗
else if t(i)>=tu+tb&&t(i)<tu+tb+tw	停车等待过程判断

程序	注释
`    v(i)=0;`	车速为0
`    E(i+1)=E(i);`	行驶能耗不变
`  else if t(i)>=time&&t(i)<time+v0/2`	起步加速过程判断
`    v(i)=0+(t(i)-time)*aa;`	计算车速
`    E(i+1)=E(i)+0.1*((m*g*f+C*A*(v(i)^2)/1.632+` `p*m*aa)*v(i)*3.6)/(0.377*9.55*3600*nmo*nt);`	累加计算行驶能耗
`  else`	起步到最高车速判断
`    v(i)=v0;`	车速恢复到初始速度
`    E(i+1)=E(i)+0.1*((m*g*f+C*A*(v0^2)/1.632)*` `v0*3.6)/(0.377*9.55*3600*nmo*nt);`	累加计算行驶能耗
`  end`	起步加速过程判断结束
`  end`	停车等待过程判断结束
`  end`	减速过程判断结束
`  end`	初始匀速过程判断结束
`  s(1)=-Lt;`	设置初始与交叉口距离
`  s(i+1)=s(i)+0.1*v(i);`	计算实时距离变化
`  t(i+1)=0.1*i;`	设置仿真步长为0.1s
`end`	时间循环结束
`plot(t,s);`	绘制曲线
`xlabel('时间/s');ylabel('车辆与交叉口之间距离/m');`	设置横、纵坐标
`fprintf('行驶能耗 Et=%.2fW·h\n',E(501))`	输出行驶能耗

在MATLAB编辑器中输入这些程序，点击运行按钮，就会得到电动汽车交叉口停车等待过程行驶曲线，如图16-2所示。通过分析可以得到，0～3.5s过程中，车辆处于匀速行驶阶段；3.5～20.7s过程中，车辆以0.1的制动强度减速；20.7～30s过程中，车辆处于停车等待阶段；30～38.5s过程中，车辆处于起步加速阶段，车辆在等待时间后通过；38.5s以后，车辆继续以初始速度匀速行驶。最终得到车辆行驶总能耗为114.39W·h。

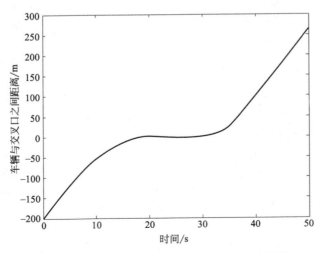

图16-2　电动汽车交叉口停车等待过程行驶曲线

4. 绘制电动汽车交叉口减速不停车通行过程行驶曲线并计算行驶能耗

编写绘制电动汽车交叉口减速不停车通行过程行驶曲线并计算行驶能耗的 MATLAB 仿真程序如下。

程序	注释
A=2.05;C=0.3;f=0.012;g=9.8;m=1575;p=1.1;nt=0.9;	设置汽车参数
nmo=0.85;	设置电机效率
nin=0.3;	设置电池充电效率
Lt=200;	设置与交叉口之间的距离
time=18;	设置交叉口需要等待时间
z=0.1;	设置再生制动强度
aa=2;	设置起步加速度
v0=16.67;	设置行驶初速度
vmin=4.17;	设置低速行驶速度
ab=z*g;	计算再生制动减速度
tb=(v0-vmin)/ab;	计算减速时间
tu1=(200-(vmin*tb+0.5*ab*tb^2)-vmin*(time-tb))/(v0-vmin);	计算高速匀速行驶时间
tu2=time-tb-tu1;	计算低速匀速行驶时间
for i=1:300	时间循环开始
t(1)=0;	设置初始时刻为 0
E(1)=0;	设置初始时刻能耗为 0
if t(i)<tu1	高速匀速行驶过程判断
v(i)=v0;	高速车速不变
E(i+1)=E(i)+0.1*((m*g*f+C*A*(v0^2)/1.632)*v0*3.6)/(0.377*9.55*3600*nmo*nt);	累加计算行驶能耗
else if t(i)>=tu1&&t(i)<tu1+tb	减速过程判断
v(i)=v0-ab*(t(i)-tu1);	计算车速
E(i+1)=E(i)-p*m*z*g*v(i)*nt*nin*0.1/3600+0.1*((m*g*f+C*A*(v(i)^2)/1.632)*v(i)*3.6)/(0.377*9.55*3600*nmo*nt);	累加计算行驶能耗
else if t(i)>=tu1+tb&&t(i)<tu1+tb+tu2	低速匀速行驶过程判断
v(i)=vmin;	低速车速不变
E(i+1)=E(i)+0.1*((m*g*f+C*A*(vmin^2)/1.632)*vmin*3.6)/(0.377*9.55*3600*nmo*nt);	累加计算行驶能耗
else if t(i)>=time&&t(i)<time+(v0-vmin)/aa	起步加速过程判断
v(i)=vmin+(t(i)-time)*aa;	计算车速
E(i+1)=E(i)+0.1*((m*g*f+C*A*(v(i)^2)/1.632+p*m*aa)*v(i)*3.6)/(0.377*9.55*3600*nmo*nt);	累加计算行驶能耗
else	起步到最高车速判断
v(i)=v0;	车速恢复到初始速度
E(i+1)=E(i)+0.1*((m*g*f+C*A*(v0^2)/1.632)*v0*3.6)/(0.377*9.55*3600*nmo*nt);	累加计算行驶能耗

程序	注释
end	起步加速过程判断结束
end	低速匀速过程判断结束
end	减速过程判断结束
end	高速匀速过程判断结束
s(1)=-Lt;	设置初始与交叉口距离
s(i+1)=s(i)+0.1*v(i);	计算实时距离变化
t(i+1)=0.1*i;	设置仿真步长为0.1s
end	时间循环结束
plot(t,s);	绘制曲线
xlabel('时间/s');ylabel('车辆与交叉口之间距离/m');	设置横、纵坐标
fprintf('行驶能耗 Et=%.2fW·h\n',E(301))	输出行驶能耗

在 MATLAB 编辑器中输入这些程序，点击运行按钮，就会得到电动汽车交叉口减速不停车通行过程行驶曲线，如图 16-3 所示。其中，0~3.7s 过程中，车辆处于高速匀速行驶阶段；3.7~16.5s 过程中，车辆以 0.1 的制动强度减速行驶；16.5~18s 过程中，车辆处于低速匀速行驶阶段；18~24.4s 过程中，车辆处于加速行驶阶段，车辆在等待时间后通过；24.4s 以后，车辆继续以高速匀速行驶。行驶总能耗为 99.57W·h。

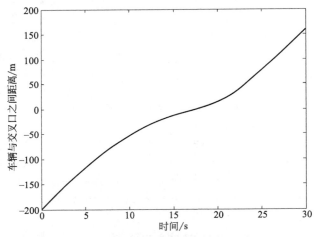

图 16-3 电动汽车交叉口减速不停车通行过程行驶曲线

参 考 文 献

［1］ 王正林，王胜开，等. MATLAB/Simulink 与控制系统仿真［M］. 北京：电子工业出版社，2012.
［2］ 崔胜民. 新能源汽车技术解析［M］. 北京：化学工业出版社，2016.
［3］ 温有东. 电动汽车用永磁同步电机的研究［D］. 哈尔滨：哈尔滨工业大学，2012.
［4］ 龚腾. 电动叉车锌聚苯胺电池管理系统的研究［D］. 哈尔滨：哈尔滨工业大学，2013.
［5］ 陈金观. 太阳能辅助混合动力房车传动系统匹配与控制策略研究［D］. 哈尔滨：哈尔滨工业大学，2016.
［6］ 王赵辉. 智能网联汽车高速公路自主换道控制研究［D］. 哈尔滨：哈尔滨工业大学，2019.
［7］ 俞天一. 纯电动智能网联汽车交叉口通行协同控制研究［D］. 哈尔滨：哈尔滨工业大学，2019.

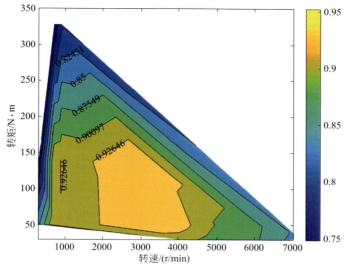

图 1-4 电机效率 MAP 二维图

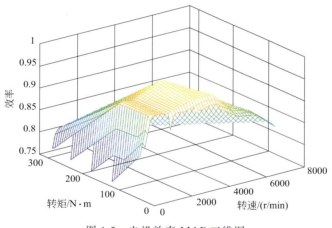

图 1-5 电机效率 MAP 三维图

图 3-1 交流感应电机结构

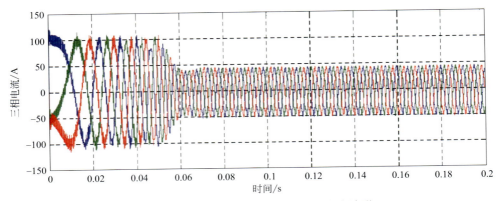

图 4-16 负载启动工况下电机的三相电流波形

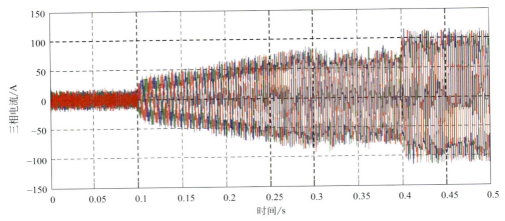

图 4-19 加速爬坡工况下电机的三相电流波形

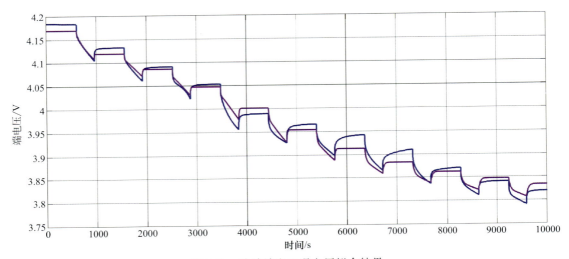

图 6-18 脉冲放电工况电压拟合结果

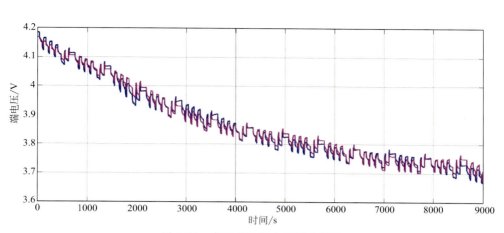

图 6-21　自定义工况电压拟合结果

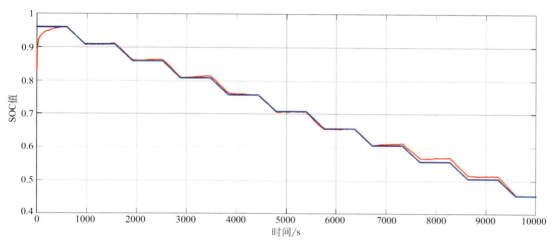

图 6-25　脉冲放电工况 EKF 算法电池 SOC 估算曲线

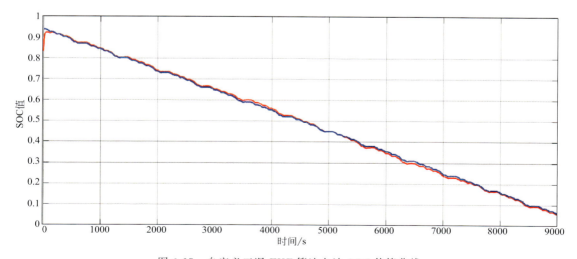

图 6-27　自定义工况 EKF 算法电池 SOC 估算曲线